モンテッソーリ流 たった5分で「言わなくてもできる子」に変わる本

一般社団法人
輝きベビーアカデミー代表
伊藤美佳

青春出版社

モンテッソーリ教育は、子どもの
「成長したい」「自分一人でできるようになりたい」
を大切にする教育法。
その時期のその子に合った環境を整えるだけで、
自分で考えて、自分から動ける子に育ちます。

目次

序章

言われなくても自分からできるようになる「モンテッソーリ流3つのルール」

一日中子どもの「お世話」でへとへとになっていませんか……12
ルール1 「やりなさい」と言うより、自分からやりたくなる環境を整える……15
ルール2 言って聞かせるより、やってみせる……19
ルール3 自分のやりたいことに集中する体験「フロー体験」を見守る……24
よく観察して、つまずきだけをサポートしましょう……29
0歳の赤ちゃんでも自分で選んで行動できる！……32
お母さんが楽しんでやることが大事……34

第1章

まずは、環境を整える

子どもは「言葉」では動かない。能力を引き出す「環境」ひとつで、自分からやり始めます

親が「ダメ」と言うほど、やりたがるワケ……38
ウォールポケットを使えば、朝のしたくも自分でできる……41
ちょっとした工夫で、言わなくても片づけるようになる……47
子どもに広いスペースはいらない……52
遊び場から帰りたくないとごねる子には「タイマー」を用意……55
自分で終わりを決めると、自分からやめられる……61
食べこぼしには「特製食事マット」作戦が効果的……64
嫌いなものも食べられる！「料理お手伝いコーナー」のつくり方……70
お母さんがストレスをためない「準備」をしよう……72
一人で「料理」ができる段取りセッティング……75

「着替え」がラクになる段取りセッティング……80
「洗濯物たたみ」も分類能力を伸ばす楽しいマッチング遊びになる……84
「マイぞうきん」を用意して、自分で拭くことを教える……86
失敗したときこそ、「考える力」を引き出すチャンス……90
お風呂に入らない・出たがらない子に効く「お風呂遊び」……92
「集中できない」子には、集中できる環境をつくる……97
外出時「じっとしていられない子」に、おすすめの遊びグッズ……102
なぜ、この場では大声を出してはいけないのか自分で考える方法……105

第2章

わが子の発達に合わせる

その「困った！」を解決する前段階のステップがあります

その子の成長に必要なことはその子にしかわからない……110
スプーンを嫌がるなら前の段階に戻りましょう……112

「おはしを使う」前に、３本指を使って「つまむ」練習をする……115
子どもは動きながら学ぶ……119
「残さず食べなさい」「ダラダラ食べはいけない」の落とし穴……121
「いい姿勢」をつくるハイハイはたっぷりと……124
自然と体幹と脳が鍛えられる遊具３点セットはこれ！……127
運動神経を伸ばす赤ちゃん期の大事なステップとは……135
「キャッチする遊び」が脳を活性化……138
言葉の発達にも順番がある……141
お母さんの「感動の言葉」が感性を育てます……144
「語彙力」の差は、お母さんとの会話体験の差……148
赤ちゃんと気持ちを伝え合う
「手指を使ったコミュニケーション」のすすめ……150

第3章

習慣を変える

最初にいい習慣をつけると、子育てはあとあとずっとラク

子どもの「できない…」は親の口ぐせが原因だった……154
無理なく「おむつはずれ」を成功させる習慣……158
「よく観察する」習慣で、小さな変化や成長、気持ちまでわかるようになる……162
トイレットペーパーの長さの適量、どこまで切るか……165
かみつきをやめさせようと叱るのは逆効果……167
「やってほしくないこと」を叱りゼロでやめさせる方法……169
「買って買って」とギャン泣きする習慣を変える方法……175
どうしてもやりたいことなら、子どもは待てます……181
「きょうだいゲンカ」は仲裁せず、お母さんの優しい目線で心のケアを……183
子どもどうしのトラブルは成長ドラマとして見守る……189
お休み前の15分の習慣で、子どもはすやすや寝てくれる……193

終章

子どもの能力を最大限に引き出す モンテッソーリ流お母さんの心得

「3歳までの育て方」が子どもの一生の土台になる……198
家庭でできる「感覚のワーク」……200
タイミングを逃さないですぐ対処すること……203
言葉にできない要求を聞き取ること……204
子どもの仕事を尊重すること……206
大人が「間違い」を訂正しないこと……208
やらない子には、その子ができそうなものを見つけること……210
大げさにほめないこと……212
人に頼れるのも自立……213
「待つことができる大人」に育てましょう……216
お母さんが輝けば、子どもも輝く……220

カバー・本文イラスト　きつまき
本文デザイン・DTP　岡崎 理恵
編集協力　樋口 由夏
企画協力　糸井 浩

序章

言われなくても自分からできるようになる「モンテッソーリ流3つのルール」

一日中子どもの「お世話」でへとへとになっていませんか

「自分のことは自分でできる子にしたいんです」

「自分から何でもやる子に育てたいです」

このようにおっしゃるお母さんはたくさんいます。

たしかに、自分のことを自分でできる子にできたら、それは素晴らしいことです。

でも、そう言いながら、つい手出し口出しをして何でもやってしまうお母さんが多いように思います。

自立どころか、毎日言うことを聞かない子どもに振り回され、疲れきっているお母さんもいます。

私は子育ての最大にして最終の目的は、子どもを「自立」させることだと思っています。

ただし、子ども自身が自ら動き、身の回りのことができるようになるためには、お母さんの手助けが必要です。手助けといっても、子どもの世話を焼くということではありません。それにはちょっとしたコツがあるのです。

私自身も3人の子育てをしてきましたが、理想的な母親だったわけではありません。子どもに怒る自分が嫌でしたし、でも子どもが何か困ったことをしたら怒る以外の方法を知りませんでした。

それが、モンテッソーリ教育との出会いによって変わったのです。

イタリア初の女性医師であるマリア・モンテッソーリによって生まれたモンテッソーリ教育の基本は、

「子どもは自らを成長・発達させる力を持って生まれてくる。大人である親や教師は、その要求をくみ取り、自由を保障し、子どもたちの自発的な活動を援助する存在に徹しなければならない」

というものです。

少し難しい表現ですが、簡単に言い換えれば、その根本に流れているのは子どもの自立であり、親はそのそばに寄り添い、（監視ではなく）見守る存在であるということではないでしょうか。決して、手を貸したり、世話をしたりする存在ではなく、子どもの能力を引き出す存在であるということです。

私はモンテッソーリ教育を取り入れた幼稚園・保育園に合わせて26年間勤務し、そのうちの9年間を代表職として過ごしました。その後、幼稚園を退職し、現在は東京の大崎で「輝きベビースクール」を立ち上げ、今まで子どもたちをのべ1万人近く見てきました。

いろいろな子どもがいます。でも、どの子も一人残らず、「自分一人でできるようになりたい」「できたらうれしい」「困難を乗り越えたい」という気持ちを持っています。それなのに、「お母さんがやってあげるから大丈夫」「あなたにはまだ無理よ」などと言ったり、態度に表したりしていないでしょうか。

それは本当にもったいないこと。

子どもの中にある、たくましい力、困難を乗り越えて自分の力にしていきたい、この能力を使いたい、という思いは、やがて社会に出て、本当に乗り越えなければいけない高い壁に出会ったときの原動力になります。

この本では私が長年学び、実践してきたモンテッソーリ教育やコーチングなどを元に、子どもが自分でできるようになるコツを余すところなく紹介していきます。しかも、どの方法もほんの少し、たった5分程度でできるものばかり。

初めての子育てで不安がいっぱいのお母さん、毎日忙しくて心にも時間にも余裕がないお母さんにこそ、読んでいただきたい本です。私自身の子育ての反省も込めて、怒ってばかりいた当時の私に教えてあげるような気持ちで書きました。

難しく考える必要はありません。これからお話しするモンテッソーリ教育の特徴である次の３つのルールだけ頭に入れておいてください。

ルール１

「やりなさい」と言うより、自分からやりたくなる環境を整える

朝のご家庭の様子を思い出してみてください。

毎朝、子どもを起こし、朝ごはんを食べさせ、歯磨きをさせ、着替えさせるまで全部お母さんが手伝ってバタバタ、毎朝わが子にガミガミ、イライラ……。

「朝は戦争です」

「朝の身じたくだけでエネルギーを消耗してしまいます」

というお母さんも多いでしょう。

もし、こんな状況が続いているのなら、たった一つのウォールポケットを用意してみてください。

詳しくは第1章で紹介しますが、着替え、歯磨き、朝食、持ち物チェックを「やる順」で配置、自分でしたくのチェックが一目でわかるしかけになっているため、子どもが一人で朝のしたくができてしまう魔法のようなポケットなのです。

実践したママたちの声を紹介しましょう。

「声かけすると息子はちらっとウォールポケットを見て、しばらくしてから動き出し、一人で全部できました。あまりの変化にびっくり。正直、最初は面倒くさがるかと思っていましたが、子どもは〝本当は自分でやりたい〟と思っているんですね」（3歳9か月の男の子のお母さん）

「時計とセットにして朝のしたくをウォールポケットにしています。子どもは、一つやることが終わると自分でカードを抜いて、次の行動に移っています」（4歳の女の子のお母さん）

朝のしたくが1人でできるようになる「しかけ」

「『早く○○して！』と子どもに言うことがなくなり、朝のバタバタとイライラが減りました」（3歳の男の子のお母さん）

子どもは「言われてやる」ことには何の喜びも感じませんが、「自分で選んで行動できる」と、達成した喜びを感じることができます。

そのためには、自分で選んで行動できる環境をつくる必要があります。**モンテッソーリ教育では、この「自分で選ぶ」という環境をつくることを重視しています。**

「環境」といっても、大げさなものではありません。子どもがその場所で自由に振る舞いながらも、自立できるように整えられた環境、という意味です。

いくら自分で選んで、自分で行動してほしいと思っても、口で言うだけではその通りにならないことは、お母さんがいちばんわかっていますよね。

子どもが興味があるもの、夢中になれそうなものを〝子どもが選べるように〟置いておく。子どもが今できるレベルに合わせたものをさりげなく用意しておく。こういったことが必要なのです。その一例が「ウォールポケット」です。

この方法を実践したママたちからよく聞くのは、「私の今までの格闘は何だったの？」という声です。

自分で選ぶから子どもも大満足。そして何よりも、子どもに「やりなさい！」「早くしなさい！」と言う必要がなくなるので、お母さん自身がとてもラクになりますよ。

ルール2
言って聞かせるより、やってみせる

ルールの2つめは、お母さんが口で言わずにただ黙ってやり方をやってみせること。ピンとこないお母さんも多いかもしれませんが、たとえば、ペットボトルのキャップの開け方を例にしてみましょう（右利きの場合の例）。

❶ 左手でペットボトルを支え、ペットボトルのキャップに上から右手のひらを乗せて指でつかむ。
❷ そのまま右手で時計まわりにねじる。
❸ 一度手を離し、再び右手で時計まわりにねじる。

大人にしてみたらどうということもない動きですが、一度手を離してねじる必要があり、子どもにとっては難しく、とても高度な動きです。

今、ペットボトルのキャップやびんのふたの開け閉め、水道の蛇口をひねるなど、「ねじる・回す」が苦手なお子さんが増えています。日常生活でこのような機会が失われつつあるのもひとつの原因でしょう。

「ママ、やって～」と言って子どもが自分からやらないのは、甘えているわけではありません。やり方がわからないからなのです。

やり方を教えてあげるときは、このように〝手順を一つ一つ分析して〟ゆっくり見せてあげてください。

このとき大切なのは、口で説明しないこと。小さな子どもは聴覚と視覚を同時に使うことができません。道具の使い方に限っては、**お母さんが口で説明すると、言葉を理解することに集中しないといけないため、見ることに集中できなくなってしまいます。**

お母さんはまず「だまって見ていてね」と声をかけ、横でやってみせ、子どもがそれを見ることに集中させましょう。このとき、子どもの目に入るところにおもちゃや

子どもに「やってみせる」コツ

テレビなどがあると、子どもの気が散ってしまいます。

子どもの視界の先には何もないところに場所と体の向きを変え、集中する環境をつくってあげることも大切です。

しゃべらずにやってみせる、これだけで十分。やり方がわかると目がキラッと光ります。

面白いことに、**子どもは「やり方」がわかると、自分でやりたくなるのです。**自ら手が出てきたらしめたもの。

正確に見せて、「わかった！」となるとやる気につながります。勉強もそうですよね。難しくてハードルが高いものだとやる気が失せますが、わかるようになると楽しいでしょう。

だから「教える人」、「教え方」が大切なのですね。

親もどのように教えたらわかってくれるのか、どのように伝えたら理解してくれるのかわからないから困ってしまうんですよね。そして、うまく教えられない自分が腑《ふ》甲斐《がい》なく、自己嫌悪に陥っています。そのモヤモヤを、「何やってるの！」と子どものせいにしてしまうこともあります。だから、まずお母さん自身が教え方を知ることが大切なのです。

子どもって、ちゃんと人を見ています。あるときセミナーで、2歳の男の子に私がチャックの開け方をゆっくり、ゆっくり、分析してわかるように見せてあげていました。そうしたら手を伸ばしてきて、チャックが開けられるようになったのです。それからです、その子が私を見る目つきが変わったのは。

まるで、「この人は自分をできるようにしてくる」「自分を高めてくれる人だ」というような目で見るのです。おそらく私のことを信頼してくれたのでしょう。子どもは、本当に自分を高めたいと思っているんだなと実感しました。

教室では手作りのおもちゃを使って遊びますが、ときどき「うちの子、全然遊ばないんです」と言われることがあります。その原因のひとつは、お母さんが面白そうに〝やってみせていない〟からではないでしょうか。

楽しそう、面白そう、自分にもできるかも、自分もやってみたい。そう思えたとき、子どもは初めて手を伸ばすのです。

ルール3

自分のやりたいことに集中する体験「フロー体験」を見守る

公式戦29連勝の新記録を樹立した将棋の最年少プロ、藤井聡太四段。誰もが驚いたのが、当時、中学生にして大人と対等に渡り合える「集中力」だったのではないでしょうか。

その並外れた集中力は、幼児期に学んだモンテッソーリ教育で育まれたと言われています。

成功者が受けた乳幼児教育とは「集中力」教育だと言われています。

集中力教育を受けた成功者には、

ラリー・ペイジとセルゲイ・ブリン（Google創業者）

ジェフ・ベゾス（Amazon創業者）

マーク・ザッカーバーグ（Facebook創業者）

ジミー・ウェールズ（Wikipedia 創業者）
P・F・ドラッカー（経営学者）

バラク・オバマ（米国大統領）
クリントン夫妻（元米国大統領と国務長官）
ジョージ・クルーニー（俳優）
などがいます。

Amazon創業者のジェフ・ベゾスは、あまりにも集中がすごかったため、場所を移動させるのに机と椅子ごと、ベゾスを動かさなければならなかったといいます。

乳幼児期に夢中になって取り組み、自分が満足するまで完了する経験。この経験がどれだけたくさんできたかで、いざとなったときにどれだけ集中力を発揮できるかどうかが違ってきます。

このときの脳の使い方は、火事場の馬鹿力と同じです。

〝火事場の馬鹿力〟とは、辞書によると「（火事のときに、自分にはあると思えない大きな力を出して重い物を持ち出したりすることから）切迫した状況に置かれると、普段には想像できないような力を無意識のうちに出すことのたとえ」。

たとえば試験前や受験のとき、普段は勉強していないようでも、やらなければならないときになると、ものすごい集中力を発揮し、成果を出していきます。

私は、今までの経験や研究から、集中する遊びをすることで、子どもの能力の伸び方がどう違うのか、将来どのような大人になっていくのかまで経過を見てきました。

スクールでは、その子にとって適切な時期に適切な道具を使って遊ばせていますが、子どもが夢中になって遊んでいるときの顔は本当に真剣そのもの。でも大人から見ると、その顔はとってもかわいらしいのです。唇をとがらせながら、なかにはよだれを垂らしながら、一つのことを繰り返し繰り返し取り組んでいます。

そこでわかったのは、子どもが夢中になって集中しているときは、大人は決して邪魔をせず、自分の気配を消すくらいの気持ちで静かに見守ることの大切さです。

子どもが本当に集中しているときは、お母さんが話しかけても耳に入ってきません。この状態を、よく私たちは「フローな状態に入っている」と言います。乳幼児期に、この「フロー体験」をたくさんさせてあげたいのです。

よく「一人で遊ぶよりもママと一緒に遊びたがるのですが……」と言われることがありますが、それは集中していないからです。もちろん、お母さんと一緒に遊ぶことも悪いことではありません。一方で、一人で夢中になって遊んでいるのに、つい「す

「自分で選んで、決めて、集中する」を見守りましょう

ごいね！」「何しているの？」などと話しかけてしまうお母さんがいます。

育児書などでは「ほめることが大事」とよく言われています。だから、よかれと思ってほめるお母さんが多いのです。でも、一つのことに没頭している子どもからすれば、突然話しかけられて、「え？」という感じ。急に電源を切られてしまったようになるのです。

夢中になっている子どもに、ほめ言葉はいりません。むしろ途中でお母さんにほめられてしまうと、本当にやりたいことを我慢して、「ママにほめられたい」「期待にこたえたい」というほうに意識がいってしまい、本当にやりたいことができなくなって

しまいます。

繰り返しになりますが、どうか、親は子どものフロー状態を妨げないであげてください。

この時期、自分一人の世界をつくることが自立につながります。いつまでも「ママやって〜」では自立しませんし、親が言った通りにできても自信にはつながりません。自分の力でやった、やり遂げたという成功体験の繰り返しが自信になり、次の「挑戦」につながっていくのです。

子どもが夢中になってやっている遊びは、たとえそれがお母さんから見ていたずらに見えても、あるいはくだらないことに見えても、子ども自身が今まさにその能力を伸ばしたいと求めていることです。それは、あらかじめプログラミングされているもの。子ども自身は無意識にやっていることでも、これが今必要だと自分で求め、決めていることなのです。

子ども自身が自立するために必要なものは、「環境」だけ。ママのほめ言葉は必要ないのです。

よく観察して、つまずきだけをサポートしましょう

つまずきだけをサポートするのもモンテッソーリ教育のポイントです。そのためには、子どもをよく観察する必要があります。

夢中になっている子どもをそっとしておくことは大切ですが、子どもをよく観察して、つまずいている部分があったら手助けをします。

どういうことかというと、たとえば、洋服のボタンをはめるとき。ボタンをはめる動きを分析してみると、

親指、人差し指、中指の3本の指でボタンをつまみ、

穴にボタンを通し、

もう一方の手の指でつまんで引っ張る

というステップがあります。子どもがボタンをはめる様子を観察して、ボタンの穴に通すところだけにつまずいているとわかったなら、そのつまずき部分だけサポートします。すると、あとの部分は自分から手を伸ばしてやるのです。

ある部分だけができないのに、大人は勝手に「できないならやってあげる」という間違った思いやりで、つい手を出してしまいがちです。でもこれではいつまでたっても「自分でできた」「やり遂げた」という経験ができません。

世話をすることがサポートだと思っているお母さん（お父さん）も多いように感じます。逆に、つまずきを放っておくと「もういいや」「できないから、ママやって」と、できないままになり、依存につながってしまいます。

3歳のAくんのお母さんからこんな報告を受けました。

ある朝、小さなふりかけの袋を自分で開けることができなかったAくんは、お父さんに「開けて」とお願いしたそうです。お父さんはふりかけの袋を開けてあげたあと、Aくんのごはんの上にパーッとかけてあげました。その瞬間、Aくんは大号泣。

そのときのAくんの心の声を代弁すると、「自分でかけたかったのに〜!!」というところでしょう。Aくんはふりかけの袋を開けることはできないけれど、ごはんにかけることはできたのです。つまり、「できないところだけをサポートしてほしかった」のです。

お父さんはあわててふりかけを集め、Aくんに渡しましたが、時すでに遅し。

そう、やりたいときはタイミングが大事なのです。ほんのちょっとのつまずきででできないことが多いのが子どもです。日常生活のいたるところにつまずきは隠れています。

一つ一つは小さなことですが、**子どもが今、どこをサポートしてほしいのか子どもを観察してサポートしてあげることが、自立につながります。**

同じようなケースで多いのが折り紙。折り紙って、つい手伝ってあげたくなってしまうものですよね。結局お母さんが途中から手伝って完成させてしまい、そのときは「できた！」と喜ぶのですが、次から子どもが自分でやろうとしてもできません。そうなると自尊心が傷ついて「もうやらない！」となってしまうのです。

これでは、せっかく親がサポートをしても、折り紙をやりたいという気持ちを失わせてしまうことになります。もし子どもが折り紙でつまずいていたら、ここでもつまずいているところだけをサポートしてあげましょう。

もちろん、忙しいお母さんが、いつもいつも子どもを観察できないことは、私もよくわかります。もしもお母さんが家事などで目を離していて、「ママ、わからない」「ママやって」と言われたら、たとえば折り紙なら、「どこができないの？」と聞いてみたり、「一度やってみて」と言ってやらせてみたりするといいでしょう。

観察することは簡単なようで、実はお母さんからすればとても手間がかかります。でも、これだけは言わせてください。

最初が肝心！　何をするにも最初は手間ひまがかかります。でも、一度手間をかければ、そのあとずっとお母さんはラクができます。子どもが自分でやってくれるようになるからです。

この本でもこれから詳しくお話ししていきますが、ここでかけた手間は、決して裏切りません。大げさではなく、成長とともにやってくる反抗期も、難しい思春期も、そして社会に出てからも、その子自身の生きる力になっていくのです。

0歳の赤ちゃんでも自分で選んで行動できる！

自立する、自分で選ぶ、などというと、まだ0歳児のお子さんを持つお母さんのなかには、「うちの子にはまだ早い」「もう少し大きくなってから試してみよう」と思う人もいるかもしれません。

いえいえ。決してまだ早いということはありません。

まだ4か月の赤ちゃんがスクールに来たとき、私は髪飾りとタオルとぬいぐるみをその子の目の前に持ってきてぶら下げて見せ、「どれがいい？」と聞きました。すると、ちゃんとほしいものを見つめます。**しゃべれない赤ちゃんでも興味のあるものを見て、目で選ぶことができます。**

また、9か月の赤ちゃんは「おむつなしトイレットトレーニング（詳しくは後述します）」のセミナーで、私が「おむつ替えの間隔が短かったから、もっと長くすればよかったのね」と話しかけると、嬉しそうにニッコリ笑って意思表示。

こんなふうに私が赤ちゃんの気持ちを代弁すると、ハッとした顔をしてニッコリされることはよくあります。それが「この人、わかってくれているんだ」という表情で、すごくかわいらしいのです。「言っていることがわかっているのね」と言うと、「うーん、うーん」とうなずいたこともあります。

私のセミナーを受けたお母さんたちからは、**「赤ちゃんは何もわからない」**から「い

ろいろできるんだ！　すごい能力があるんだ」と子どもの見方が変わりました、とよく言われます。

相手が赤ちゃんだとどうしても「お世話」をしてなんでもやってあげてしまいたくなりますが、お母さんが赤ちゃんを「お世話してあげなければいけない存在」として接すると、赤ちゃんもその通りに「まだ何もわからない、自分では何もできない存在」になってしまいます。

でも、お母さん自身が**「赤ちゃんはすごい能力を秘めていて、すべてわかっている存在」として接すると、赤ちゃんもそのようになっていきます。**

赤ちゃんの時期から「自分で選んで行動する体験」で自信が生まれ、「できるんだ」という顔になっていくのです。そしてそれは、新しいことに挑戦する意欲につながり、将来、自らの力で考え、新しい仕事を生み出し、社会で活躍できる力になっていきます。

お母さんが楽しんでやることが大事

このあと、具体的なやり方をお話ししていきますが、その前に、ひとつだけとても大事なことをお伝えしておきます。

「自分のことは自分でできる子に」と言うと、しつけや早期教育と勘違いされることがありますが、そうではありません。

成果を求めて、決して急がせないでくださいね。

おたまじゃくしに「早く大きくなりなさい」と言って、池からすくいあげたら死んでしまいますよね。それが早期教育だとモンテッソーリは言っています。おたまじゃくしの時期には、池が必要です。それがこの本で言う「環境」です。

子どもには、そのとき必要な適切な環境を与えてあげなければなりません。急がせてしまったら、大人になれずに死んでしまうことと同じなのです。

人間には発達の順番があり、一人一人の子どもによって、そのスピードは違います。どうか子どもにやり方を押し付けたりしないでください。子どもを特訓したり、成果を求めて一喜一憂したりしないでください。

子どもに「やらせる」のではなく、「もともと持っているすごい能力を引き出す」という気持ちで実践してみましょう。

この本はマニュアルではありません。「こうでなければならない」「必ず本に書いてある通りにしなければならない」と思うと、お母さんが苦しくなってしまいます。

私はスクールでいつもお母さんに、「一生懸命になりすぎないで」「真面目にやらないで」と言っています。スクールでも、いつもゆるーく楽しんでやっています。

たしかにいくつかは守ってほしいルールはあります。でも矛盾しているようですが、いちばん大切なのは、子どもが自立すること以前に、お母さん自身が楽しみながらやることなのです。

もしも本書で紹介するやり方の中で、何か一つでもできたら、「できた、できた！」と一緒に喜び、感動を味わえればそれで大成功！

あまり頑なに考えず、本に紹介されているやり方に縛られずに、お母さん自身が楽しみながら、自分が心地よいようにすることのほうがずっとずっと大切ですよ。

第1章

まずは、環境を整える

子どもは「言葉」では動かない。
能力を引き出す「環境」ひとつで、
自分からやり始めます

親が「ダメ」と言うほど、やりたがるワケ

「テーブルの上に乗っちゃダメ！」

「危ないから走っちゃダメ！」

目が離せない年齢の子どもを抱えるお母さんは、一日に何回くらい「ダメ！」と言っているのでしょう。

ここでお母さんに質問します。その「ダメ」、効果がありましたか？

おそらく、「ダメ」と言って、子どもがその困った行為をやめたことがあるという人は、ほとんどゼロなのではないかと思います。

それもそのはず、子どもは、「テーブルの上に乗っちゃダメ」と言われると乗りたくなるし、「走っちゃダメ」と言われると走りたくなるのですから。

「ピンクの象を想像しないで」と言われたら、あなたの頭の中は、「ピンクの象」でいっ

ぱいになりますよね。つまり、「しないで」「ダメ」などいくら否定語を並べても、否定の効果はありません。脳には否定語が通用しないので、その前の言葉、「ピンクの象」のほうが強化されてしまうのです。これはコーチングの菅原裕子《すがわらゆうこ》先生に教わったことですが、私も実際に子どもと接していて、このことを強く実感しています。

だから子どもには「ダメ」という言葉を使うのではなく、してほしいことを言いましょう。

たとえばテーブルの上に乗ってほしくないのなら、

「このイスに座ってね」

「あっちの部屋の台の上なら乗ってもいいよ」

あるいは走ってほしくないのなら、

「ママのそばにいてくれるかな」

「歩いてあそこまで行こうか」

というふうに。

「ダメ」って、すごく嫌な言葉ですよね。大人でも言われたくありません。ついでに言うと、**脳は嫌な言葉を排除しようとするので、「ダメ」といった瞬間に、聞く耳を**

持たなくなります。今日から、「ダメ」という言葉を使ってはダメですよ（笑）。

ただ子どもの場合、一回使った言葉は二度と使えないと心得てください。同じ手は通用しないのです。

「あっちでボール遊びしようね」「お絵かきしようね」など、手をかえ品をかえ、言葉をかえて、試行錯誤しながらいろんな言葉を使ってみます。

ついでにお話しすると、「そんなことすると危ないよ、ケガするよ」と注意するお母さんがいますが、この言葉は子どもには無意味です。「お母さんはそんなこと言っているけど、ケガしないもん」と思っています。たいしたことないと思っているのです。

本当に命に関わるほど危険なことをしそうになったら、「ダメ！」と言ってくださいね。

5分で「できる！」スイッチを入れるポイント

「ダメ！」「～しないで」の否定語が、その行動を強化することを知っておく

ウォールポケットを使えば、朝のしたくも自分でできる

子どもが自ら動き、朝のしたくも全部自分でしてくれたら……そんなこと無理、無理！

なんて思っていませんか？

それが、このウォールポケット一つでできてしまうのです。

序章でも少し紹介しましたが、このウォールポケットを知ったきっかけは、幼稚園に勤務していたときでした。

幼稚園にはみんなと一緒にしたくができない子や、決められた時間内に動くことができない子がいます。いわゆる「はみだしっ子」です。担任も困っていたので、臨床心理士さんに来ていただき、対処法を教えてもらったのがこのポケットを使った方法です。

その方法とは、ウォールポケットに一つずつ、子どもにやってほしいことをイラス

ト付きのカードに入れて、「見える化」する方法。やり方はこのあと説明しますが、実際、このポケットを取り入れたクラスとそうでないクラスでは、効果が明らかに違ったのです。

しかも、最初は困った子のために始めた方法でしたが、どの子にも効果があることもわかりました。

たとえば週末、幼稚園ではタオルやスモックなど持ち帰るものがたくさんあります。これをウォールポケットを使って「見える化」します。

すると、子どもたちはみんな、ポケットの中の写真を見ながら「帽子！」「次はスモック！」などと言いながらチェックして、先生がいなくても持ち帰りの準備ができたのです。

それを見て、**人はやり方がわかればやりたくなるものなのだ**、と実感しました。わからないからできない、当たり前のことだったのです。ウォールポケットを取り入れたクラスでは、さっさとしたくが終わり、降園できます。ポケットがないクラスは、いつまでもダラダラとしたくができない子がいました。

これは家庭でも使える！　と思った私は、スクールでも生徒さんに紹介することにしました。その喜びの声は、序章で紹介した通りです。
ではさっそくウォールポケットの作り方と、その使い方について説明しましょう。

材料

ポケットが5つか6つくらいあるウォールポケット（100円ショップなどで購入できます）。

作り方

それぞれのポケットに、子どもに習慣づけたいことをイラストに描いたカードを1枚ずつ入れます。たとえば「朝のしたく」なら、着替え、洗顔、朝食、歯磨き、持ち物などのように、「やる順」に上からポケットに入れていくのがポイント。イラストは、絵が得意なお母さんならポケットに収まるサイズの紙に自分で描いてもいいですし、インターネットのフリー素材集などからイラストをダウンロードしてもいいでしょう。
紙は、子どもが何度も出し入れするので、しわくちゃにならないように、ラミネート加工して、固いカードのようにします。100円ショップで簡単にラミネート加工できるフィルムが購入できます。また、コンビニや写真屋さんなど、手軽にラミネート加工できる店も増えています。

やることはたったこれだけ。**目で見てわかるしかけになっているので、上から順番にやることで、自分でしたくのチェックができます。**お母さんに言われてやるのではなく、自分から楽しんでやってくれることが多いようです。

慣れてきたら、カードを見るだけでチェックできますが、最初のうちは、たとえば「歯磨き」のカードをポケットから取り出し、終わったら箱に入れるようにすると楽しいようです。

ふた付きのプラスチック容器や空き箱に、ハサミやカッターでちょうどカードが入る大きさに細く切り込みを入れます。あえてカードが入るギリギリの大きさに切り込みを入れると、子どもは面白くて何度も出し入れします。

ただし、ウォールポケットはできるようになると飽きてしまいます。また、カードを見なくてもできるようになってしまいます。子どもだって「これくらいできるよ、バカにしないでよ」と思うようになるのです。

言われなくても自分からやる子に変わる「魔法のポケット」

飽きさせないためには、カードの内容を成長とともに高度なものに変えていく必要があるでしょう。

字が読めるようになったらイラストではなく、ひらがなだけで「はみがき」「きがえ」と書いてみたり、カードの内容を、上から月曜日、火曜日……と曜日にし、保育園や習い事などのその日の予定を書いてみたりと、工夫しているお母さんもいます。

5分で「できる！」スイッチを入れるポイント

朝のしたくを視覚化すれば、自分でできるようになる

ちょっとした工夫で、言わなくても片づけるようになる

片づけも、子どもに自分でやってほしいことのひとつではないでしょうか。

たとえば、おもちゃ。ご家庭ではどんなふうに収納していますか？

カゴにまとめて入れたり、クリアケースに入れたり、あるいはいつも置く場所が決まっていないというご家庭が多いのではないでしょうか。

もちろん、それでうまくいっている場合はいいのですが、たいてい子どもが遊ぶときにザザーッとひっくり返して、ほしいおもちゃがすぐ見つからず、「ママ、あのおもちゃどこ～？」と言われたりします。

カゴや箱に入れてしまうと、子どもからはおもちゃがすぐ見えませんし、ワンアクション増えてしまうので、選びにくくなってしまいます。

実は、おもちゃをどこに収納するかはとても重要なのです。

大人になっても、まるでごちゃごちゃしたおもちゃをひっくり返して探すようにも

のを探している人って、多いですよね。書類が見つからない、パソコンの資料が見つからない……探しものをしている時間は、きちんと整理できていれば、本来必要のない無駄な時間です。

時間管理がますます重要になってくる時代に整理術が身についていたら、効率よく学習や仕事をすることができます。だから小さいときから整理術を身につけ、「いつも同じところに同じものが置いてある」という習慣を、日々の生活の中に落とし込んでいくことが必要になるのです。

しかもこれは、時間管理や整理術につながるだけでなく、**子どもの心の安定や集中力にまでつながる**のですよ。

私がおすすめしているのが、いつでも見えて、いつでも取り出せる「棚」です。最初にセッティグさえしてしまえば、あとはずーっとラクになりますよ。幼稚園のクラスでも、この棚があるクラスの子どもたちは落ち着いて過ごしていましたが、棚がないクラスでは、先生が一日中走り回って子どもたちを追いかけ回している、というくらい差がありました。

用意するのはホームセンターなどで売っている4段~5段の棚です。パイン材で、

自分でお片づけしたくなる工夫

横幅が150cm、奥行きが30cm、一段の高さが18cmくらいで、組み立てはお母さんでもできる簡単なもの。価格は7000〜8000円くらいです。

この棚を、リビングなどお母さんが見えるところに置いておきます。この棚におもちゃを置いておくのです。子どもがいちばん取り出しやすい高さの棚に、今いちばん夢中になっている旬のおもちゃを置くようにしましょう。

この方法なら、ずりばいをしている赤ちゃんでも大丈夫。下から一段目や二段目なら手が届くので、ハイハイをしながらおもちゃに手を伸ばしますよ。

また、おもちゃを棚に詰め込んでぐちゃぐちゃにならないように、セットにしてトレーに乗せておくこともコツ。できれば木製で取っ手の付いているものがいいのですが、100円ショップで購入できるトレーで十分です。こうしておくと、小さいおもちゃも出し入れがラクになります。

この棚には、おもちゃ以外のものを入れるのはNG。あくまでもおもちゃ専用の棚にしてくださいね。

このようにおもちゃの定位置を決め、いつも同じ場所に置くようにすると、「ナイナイしようね」と言わなくても、元の位置を自分でちゃんと覚えて、片づけるようになります。

最初はお母さんが一緒に片づけるのを手伝ってあげてください。「ここに戻しておくね」と言って子どもに見せながら、元の位置に戻します。1歳半くらいまではお母さんの手助けが必要ですが、この棚ならそれ以降は自分で片づけられるようになります。

片づけは教えなくちゃいけないものと思っているお母さんが多く、しつけとして「片づけてね」と言って習慣づけようとします。そうではなくて、1歳半くらいまでは、お母さんがやってみせてあげれば大丈夫です。

5分で「できる!」スイッチを入れるポイント

「いつも同じところに同じものがある」秩序感を大事にすると、自然に片づける

子どもに広いスペースはいらない

棚を置くときに大切なのは、子ども専用のスペースをつくること。２畳くらいでいいので、リビングなど部屋の一角を利用しましょう。スペースを小さく区切ることで、子どもでも片づけやすくすることが目的なので、広すぎてはいけません。

子どもが「自分の場所」だと理解しやすくするために、スポンジ素材などをつなぎ合わせて敷くジョイントマットを使うといいでしょう。

２歳のＢちゃんは片づけが全然できなくて、いつも「ママやって〜」と言っていました。お母さんはリビングのあちこちに広がったおもちゃを見て、「遊ぶ場所が広がりすぎてしまった」と気がついたそうです。

そこでスペースを狭くして、「ここがＢちゃんの場所ね」と教えて小さなテーブルと椅子を用意したところ、そのスペース内に広がったおもちゃを片づけるようになりました。「狭くしてよかった」とお母さん。

子どもにとって、リビングいっぱいに散らかったおもちゃを片づけるのは重労働です。子どもはスペースを区切れば、片づけます。

お母さんはどうしても、子どもを広々としたところで遊ばせたいと思うものですが、意外と子どもは、狭いスペースのほうが落ち着くのです。そこに行くと自分の好きなおもちゃがあり、落ち着く場所だとわかると、自分から夢中で向かうようになります。

こうして環境を整えると、朝起きるとすぐその小さなスペースにおもちゃを取りに行って、遊ぶようになります。「朝から棚の前でよく遊んでいます。すごく集中しています」という声をお母さんからたくさんいただきます。

実は、**朝から知的な活動をすると、心が落ち着くという効果があります**。園でも登園するなり子どもたちがおもちゃの棚に向かってから、集中して遊ぶことで、その日一日、とても穏やかに過ごせるという経験を何度もしました。「朝から遊びたいおもちゃで思いきり遊んだ！」という満足感が、心の落ち着きにつながるのでしょう。

子どもって、体も脳もフル回転させたいと欲しているものなのです。朝のほんの20分くらいの時間ですが、こんなふうに家庭でもほんの少しの時間を上手に使うことで、お母さんはすごくラクになります。

また別のお母さんからは、棚を設置したことで、今までの10倍も本を読むようになったという報告もありました。


人生は選択の連続です。

これからますます情報過多となる時代に、子どもがよりよい選択ができることが人生の質を高めていきます。

大げさではなく、私は**子ども専用の「棚」をつくることが、子どもの選択する力をつける**と信じて推奨しています。

この棚を使うことで、子どもが視覚的にパッと見てほしいおもちゃを判断するということを毎日訓練しています。これが、多くの情報の中から自分にとって何が必要か選択する力を日々研ぎ澄ませていくのです。


5分で「できる!」スイッチを入れるポイント

毎朝、「やりたいことを選んで思いっきり遊べる」環境が、集中力と自信を養う

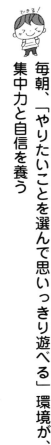

遊び場から帰りたくないとごねる子には「タイマー」を用意

「公園で遊んでいると夢中になって、なかなか帰りたがらないんです」

「最後はいつも泣いている子を引きずって帰ってきます」

このような声をよく聞きます。

こんなとき、お母さんはイライラしますよね。でも、考えてみてください。そのイライラは誰の都合かということを。「早く帰ってご飯を作らないといけないのに」「明日の仕事の準備があるんだけど……」といったように、ほとんどのイライラは大人の都合なのです。

こんなふうに、子育てのイライラは誰の問題かということを考え直すと、イライラが軽減されます。

そしてもうひとつ。子どもは、枠組みを先に伝えることで、ちゃんと言うことを聞いてくれるようになることを知っておくと、ラクになります。

保育園児のCくんは保育園から家への帰り道、毎日「もっと公園で遊びたい」と言って大泣きしていました。お母さんも疲れてしまい、ついイライラして怒ってしまっていたそうです。

でもセミナーで私の話を聞いて、イライラするのは自分の都合だと理解したお母さんは、自分が動じなければいいんだと思い、「遊びたいけれど、我慢しようとして葛藤中なのね」と冷静にとらえ、淡々と接することにしました。突き放すわけではなく、Cくんの感情の爆発が収まるのを待っていると、落ち着いてきました。

保育園から帰るときに、「今日は家の前では遊べるけれど、時間がないから公園では遊べないからね」とあらかじめ言っておくだけで、「公園に行きたい」と駄々をこねず、家の前で遊ぶようになったそうです。

日々の言葉の刷り込みは、子どもの人格を作ります。正そうとしたり、言い聞かせたり、強い口調で言わなくても、子どもはちゃんと自ら動くようになります。

子ども自身が考え、「遊びたい気持ち」と「帰らなくちゃいけない気持ち」の間で心が揺れ、葛藤する時間はとても大切です。次のDちゃんのお母さんも、子どもの葛藤する時間を大切にしています。

なお、必要な時間は子どもによって違います。先日、私が代表を務めている保育園からの報告で、公園から帰るとき「20分前」「10分前」では帰れなかった男の子が、「2分前だよ」

と、2分の猶予を与え、「2分たったよ」と言うと、サッと片づけて帰れたそうです。20分前くらいの時間が必要なのは2歳以降、5分前くらいの短い時間は1歳ぐらいなのかもしれません。

Dちゃんは2歳の女の子。お母さんとショッピングモールで買い物をして、帰ろうとすると「やだー!!」と言って大泣きし始めました。ほとんどのお母さんはここで「なだめる」「怒る」「無理やり連れて帰る」のいずれかの行動をとるのではないでしょうか。

Dちゃんのお母さんはどうしたかというと、そのまま泣かせておき、「ママはあっちで待っているよ」と言って、少し離れたところでDちゃんの気持ちが落ち着くのを見守って待っていました。Dちゃんに自分の気持ちをコントロールして、自分で消化して、行動してほしいと思ったからです。時間はかかったものの、Dちゃんは泣きながら、お母さんのところに戻ってきたそうです。作戦、大成功！

もちろん、周囲の人はいろいろ言ってきます。「お子さんが泣いていますよ」と。「あのお母さん、何しているのかしら」という周囲の目に耐えられなくなるお母さんもいるかもしれません。

でもここはニッコリと余裕の笑みで、「ありがとうございます」「今、しつけているところなので」などと言って平然としているのがポイント。お母さんが確信を持っていること、ブレないことが大切です。ここを乗り越えれば、本当にラクになるのです！

子どもが泣くのは、泣いたら許してもらえる、ママが戻ってきてくれる、と思っているからです。でもここで「ママは泣いても絶対変わらない」「泣いても無理だ」とわかると、必ず子どもは変わります。毎日の積み重ねが必要ですが、お母さん自身が腹を決めてかかわれば、子どもは絶対に変わるのです。

それでも子どもが言うことを聞かないというお母さんとの関係性が出来上がってしまっていて、待っているだけでは変わらない場合のとっておきアイテムがあります。

それがタイマーを使った方法。

たとえば子どもが遊んでいるときに、「短い針が5になったら（17時になったら）帰るよ」とあらかじめ伝えておきます。このときスマホなどのタイマーをセットしておき「あと30分ね」と予告します。10分前、5分前とタイマーを見せつつ声をかけます。少しずつ遊びを収束させるように持っていくのです。

帰る時間が来たとき、もしも「帰りたくない！」と言ったら、「時間が来たから帰るよ」と淡々と言って、お母さんは帰ってしまいます。泣き叫ぶ子どもを強制連行する必要はありません。

このときお母さんは決して振り返らず、子どもに絶対に見つからないようなところで待ちましょう。もし子どもが追いかけてきたときに迎えてあげたり、待っているところが子どもの目に入ってしまったら、この作戦は全く意味がなくなります。「お母さん、本当に行っちゃった……」と思わせないと効果がありません。そのためにも、必ず安全な場所で行うようにしてくださいね。

プラレール遊びに夢中で、帰りたくないと言っていた2歳半のEくん。お母さんがタイマーを使ってあと30分、15分、10分、5分、1分、0分と時間を見える化させていったら、自分から「帰る」と言い、すんなり帰ることができました。あとで、「すごく効き目がありました」と報告をいただきました。

タイマーを使わずに「あと10分」「あと5分」と口で告げてもいいのですが、何度もやると「わかってるよ！」と言われて効果がなくなるようです。その点、ただの声かけと違って、タイマーは数字が減っていくのが目に見えてわかるので効果大です。

まだ数字がわからないお子さんには、砂時計でもいいでしょう。

ただ残念なことに、子どもにとって同じ方法は一度しか通用しません。かける言葉を変えてみたり、「自分でタイマーをかけてね」と言ってみたり、成長とともに親もあの手この手を使って試行錯誤しなければならないのです。ちょっと大変ですが、やってみると効果が実感できると思います。

5分で「できる！」スイッチを入れるポイント

時間を「見える化」する工夫で、無理やり連れ帰らずにすむ

自分で終わりを決めると、自分からやめられる

子どもが納得して自分で終わりを決めるためのもうひとつのコツは、お母さんがいっぱい共感してあげることです。

「やだ！　帰りたくない！」と言ったらすかさず、「そうか、帰りたくないよね。楽しいもんね」などと、子どもの気持ちにたっぷり共感してあげてください。

ところが、「いつも共感するようにしているんですけど、全く効果がないんです」と言われることがよくあります。話を聞くと、お母さんはたしかに共感しているようです。でも、全く効き目がない理由は、子どもに「葛藤する時間」を与えていないからです。

「遊びたいよね。でも、早く帰らないとご飯が遅くなっちゃうよ」などと、間髪入れずに言っていませんか？　これでは、せっかくの共感が台無しになってしまいます。

子どもだって、早く帰らなくちゃいけないことくらいわかっています。でも帰りた

くない、遊びたい。この心が揺れる葛藤の時間で、自分の気持ちを整理しています。そこから自分の気持ちをコントロールすることを学んでいるのです。

共感した後に、少し間を空ける方法は、「遊びたいよね」の「ね」の後に間《ま》をおくこと。「遊びたいよねー……」というふうに。そのあとで、「でも、お母さん、早く帰ってご飯のしたくしなくちゃいけないの」といったように、早く帰らなければならない理由をきちんと伝えます。子どもはちゃんと聞いていますよ。

今、自分で自分の気持ちをコントロールできない大人が増えています。いくら勉強ができても、学歴が高くても、自制することができない大人は社会を渡り歩いて行くことはできないでしょう。小さなことですが、幼い頃からこうして葛藤の時間を与えて自制することを身につけることはとても大切です。

そして、お母さんが「もうおしまい！」などと中断したりせずに、子ども自身に「終わりを決めさせる」のです。

家でおもちゃに夢中でなかなか片づけようとしないときも同じです。私が幼稚園入園前の未就学児の教室をやっているとき、片づけの時間が来ても集中している子が何人もいました。そんなときはすぐにおしまいにせずに、その子がやり遂げるまで待っていました。

子どもはどこか「最後までやり遂げたい」という気持ちを持っています。そしてやり遂げた、と自分で納得ができたとき、自ら片づける姿を何度も見てきました。

最後までやり遂げて自分で納得し、自分で終わりを決められた、という経験は、大きな達成感につながります。心から満足しているので、そのあとも穏やかに過ごせます。

そして納得するまで待ってくれた先生やお母さんとの間にも信頼感が生まれるので、それ以降もその人の期待に応えようとします。

親は「自分で終わりを決めさせたら、なかなかやめない」と思いがちですが、実は逆。自分で終わりを決めるから、自分でやめられる子になるのです。

5分で「できる!」スイッチを入れるポイント

「おしまい」は子どもに決めさせ、気持ちを整理し納得する時間を与える

食べこぼしには「特製食事マット」作戦が効果的

いくら「こぼさないで」と言っても、食べこぼしてしまうのが子どもです。そのたびに注意して、食べこぼしを片づけて……これを毎日繰り返すのは、お母さんだって大変です。

そんなときに便利なのが特製食事マット。

どういうものかというと、スプーンやフォークなどの置き場所、食器の置き場所を「見える化」したマットです。つまり、マットそのものに、お茶碗やお皿、コップの位置をイラストや写真で示して置き場所がわかるようになっているもの。お母さんたちからは、食べこぼしがかなり減った、子どもが食事の時間に落ち着いて座るようになったなどの感想をいただいています。

子どもは、絵や写真の通りに食器を定位置に戻すことが面白いようで、喜んでやってくれます。簡単なので、ぜひ作ってみてください。

作り方

スプーンやフォーク、お皿などの定位置を決め、真上から撮影します。または、お母さんがイラストを描いてもいいでしょう。

これをB4判度（子どもが使いやすいマットの大きさに合わせて）に拡大し、濡れてもいいように、ラミネート加工します。100円ショップでラミネート加工できるシートが購入できます。

お母さんによっては作り方もいろいろで、画用紙に食器の形を縁取りして線を引き、A4判クリアファイルの中に入れ、その上に食器を配置するという方法も。とりあえず試してみたい人には簡単でいいですね。

「マットに興味津々で、『○○の場所だよ』と一つ一つ教えると、動かすこともほとんどなく、マットの上に食べこぼしたものも、お皿に戻していました。汁物を置くときに倒れてしまいましたが、許容範囲かな。そのうち、うまくなると信じています」

「1歳5か月の娘ですが、これだけで食事に対する意欲が増し、スプーンで自分ですくって食べていました。集中している時間もいつもより長く、食事の途中で立ったり遊び始めたりが減った気がします」

「食べこぼしが減ったというよりはいつもより丁寧に動作しているという印象です。『食べさせてもらう』から『自分で食べる』に意識がシフトしたような感じです」

お母さんたちからの声です。

もちろん、マットを使うだけでは食べこぼしは減りません。マットは、テーブルの手前に合わせましょう。**マットを敷く場所が遠いと、食べこぼしが増えてしまいます。**

また、子どもの座り方にも注意します。よくこぼす子を見ているとテーブルと体の間があいているのです。**テーブルと体の間は、握りこぶし1個分程度あけておきましょ**

「ぴったりぴったり」合わせられるかな

叱りゼロで食べこぼしを減らせる「食事マット」作戦

う。また、椅子の高さを見直し、足がブラブラしないように、できるだけしっかり足置きに足がつくように調整しましょう。

最初が肝心です。初めて使うときに、「こぶし1個ぶんあけてね」「マットは机に合わせてね」としっかり教えます。でも、「しっかりしつけなくちゃ！」なんて怖い顔をしないで、お母さんも楽しそうにしてくださいね。

最初にマットを作るときだけ少し手間がかかりますが、これさえあれば、食事のときはマットを敷くだけ。たった5分で、食べこぼしが大幅に減り、お母さんの負担が大きく減ります。

ただし、子どもは飽きっぽいものです。同じ食事マットを使っても、やってくれなくなることもあります。そんなときは、新しいものに交換しましょう。**何かの習慣やクセを変えたいときは、こんなふうに「道具を新しくする」のがコツ。**

同じものを使ってしつこく教えると、子どもも訓練のように感じて、嫌になってしまうことがあるのです。

「このマットは特別なんだよ」「このマットを使うと、洋服も汚れないし、きれいに食べられるよ」などと声をかけながら、新しいマットにしてみてください。

強制するのではなく「これを使うといいことがある」という、未来にいいイメージを持たせるように声をかけるのが、やる気にさせるポイントです。プラスの言葉で暗示をかけるのです。

最初はうまくいかないこともあります。「定位置に置いたまま食べると、腕がぶつかって、こぼしてしまった」「自分で食器を動かさず、定位置に置いたまま食べようとしたのでたくさんこぼしてしまった」などの失敗例があるのも事実です。
慣れるまでは何度も見直して、お母さんも声かけしてあげてください。繰り返しますが、手間がかかるのは最初だけ。あとはずっとラクになります。

この方法は、食事マット以外にもいろいろなことに応用できます。
「このスプーンだと上手にすくえるようになるよ」とか、「この靴だと、たくさん歩けるんだよ」などなど。ぜひやってみてください。

5分で「できる！」スイッチを入れるポイント

「食器を元の場所に戻したくなる」道具で、自分から注意するようになる

嫌いなものも食べられる！「料理お手伝いコーナー」のつくり方

食べものの好き嫌いが多くて困っているお母さんは多いのではないでしょうか。大人の場合は自分のつくった料理よりも、誰かにつくってもらった料理のほうがおいしいと思うものです。でも子どもは反対で、自分がつくったり、関わった料理だと、喜んで食べます。これを使わない手はありません。

お母さんがいつもキッチンで料理をつくるとき、わざわざ柵で仕切って子どもをキッチンに入れさせないようにしたり、サークルの中で遊ばせたりしています。そして、できあがった料理だけを「はい」と言って子どもの前に出すのです。これは本当にもったいないことです。

これでは子どもは、料理がつくられる過程を見ることもなく、キッチンから自動的に料理が出てくるものだと

思ってしまうかもしれません。つくるところから子どもに参加させることのメリットはたくさんあります。

キッチンの片隅でもいいので、子ども用の小さなテーブルと椅子を置きます。名づけて、「料理お手伝いコーナー」です。「ここはあなたのコーナーよ」「あなたのお仕事だからね」と声をかけることで、ここに来たら何かお手伝いするんだ、と子どもは思うようになるでしょう。

お手伝いは、簡単でなおかつ面白いことにしましょう。たとえばレタスをちぎる、こんにゃくをちぎる、しめじやマイタケを割《さ》くなど。

ちぎったり割いたりする行為が、子どもたちは大好きです。むしろ子どもに参加してもらうことで、キッチンで危ないところには来ないようになります。

食べものに直接触れることは、「自然」に触れることでもあります。**食材の触感や匂いを感じ、五感をめいっ**

ぱい刺激してくれます。自分がお手伝いしてできあがった料理は、よく食べてくれますよ。幼稚園でも、自分たちで収穫し、切った苦いラディッシュを子どもたちがよく食べていました。

「やってくれると助かるわ」「お母さん、嬉しいな」という言葉も忘れずに。お手伝いをすると、人の役に立つんだ、という喜びをこの時期から味わうことが大切です。そうすると、どんどん次のお手伝いにつながっていきますよ。

5分で「できる!」スイッチを入れるポイント

「お手伝いコーナー」をつくって料理に参加させれば、いいことがいっぱい!

お母さんがストレスをためない「準備」をしよう

子どもにお手伝いをさせましょう、と言うと、真面目なお母さんはストレスをためつつもなんとかやらせようとしてしまう傾向があります。
でもそれは本末転倒。お母さんがいちばんストレスがたまらない方法で、肩の力を抜いてやってくださいね。

食事をつくる時間がないときは、全部お母さんがつくっていいし、**汚されるのが嫌なら、床にピクニックシートなどを敷いておけば、「いくらでもどうぞ！」という気持ちになれますよ。**

子どもに料理をさせるといいと聞いたあるお母さんの話です。子どもにどうしても包丁を使わせたいと思い、子ども包丁を準備しました。でも結局そばにつきっきりで、「野菜を切る」ことをさせるのに、下準備から何から全て手伝ってしまい、疲れきってしまったそうです。

今、子どもはあらゆることから守られすぎていて、いろいろなことができなくなっています。ひと昔前まではナイフで鉛筆を削ったり、カッターを使ったりすることも当たり前でした。今は公園から遊具が撤去され、「危ない目」に遭わないために、危険を察知する能力がなくなって、逆に危険を冒しやすくなっているのです。

ですから、意識的に刃物に触れさせるようにしなければなりません。

そこで必要なのは、お母さんが創意工夫する力です。もちろんお母さんが疲れてしまっては意味がありませんから、子どもがやりやすいように下準備だけしておきます。準備といっても、やるのはほんのちょっとしたことです。

たとえばキュウリを切るとき。まな板の上で転がって切りにくいことが多いですよね。そんなときはまずお母さんが縦半分に切っておきます。すると転がりにくく安定するので、子どもも切りやすいでしょう。

またニンジンは、硬いのでいきなり包丁で切ると危ないです。まず4分の1に切っておき、レンジで少し温めてから切ると軟らかくなって切りやすくなります。

レタスやキャベツを千切りさせたいときは、4分の1に切ってお皿の上に置いておき、少し千切りしてみせ、「このくらいの太さに切ってね」と見本としてそばに置いておきます。こんなほんの少しの準備で、小さな子どもでもできるようになるのです。

なお、好き嫌いに関しては、食べものの種類とは別の要因が隠れていることがあります。子どもはある意味、大人よりも素材に敏感です。新鮮なものかどうか、自然なものかどうかを小さな子ほど敏感に感じ取るのです。冷凍ブロッコリーだと食べなくなる子、添加物など人工的なものは食べない子もいます。ここで人工的なものを強制して慣れさせると、味覚が麻痺していきます。

子どもは面白いことに、「今の自分の体に必要ない」と思うとプイッとそっぽを向きます。こんなとき、子どもってすごいな、本当に真実を語ってくれるのだなと感じます。

5分で「できる！」スイッチを入れるポイント

転がる野菜は縦半分に切っておく、
硬い野菜はレンジでチンしておくと切りやすい

一人で「料理」ができる段取りセッティング

忙しいとき、子どもが自分でごはんをつくってくれたら……、せめてごはんの用意だけでもしてくれたら……。そんなこと、夢のまた夢でしょうか？

いえいえ、そんなことはありません。これはわが家が実際にやっていた方法で、お母さんがラクになるだけでなく、子どもの感覚器官、情報の整理や分析力まで伸ばしてくれる、とっておきの方法です。２つお伝えします。

❶子どもが簡単におにぎりがつくれるセッティング

まずテーブルに左から順に、塩を盛った小皿、お水を入れたボウル、ご飯を入れたボウルとしゃもじ、好みの具をのせた皿、そして海苔《のり》をのせたお皿を置いておきます。

そして、子どもが左から順番に、おにぎりを握る作業をしていくのです。

そう、自分自身が動く「逆・ベルトコンベヤー」になるのです。最後に海苔を巻いて出来上がり。

次にやる作業が目で見てわかるから、子どももやりやすくなり、楽しんでやってくれます。

❷サンドイッチが自動的にできちゃうセッティング

おにぎりと同じように、左からお皿にサンドイッチ用のパンを積み、バターとナイ

楽しく論理思考力を伸ばす「おにぎり・サンドイッチづくり」

フ、ジャムやハムなどの好きな具材を盛ったお皿を置いておきます。
左から順番にパンを取り、バターを塗り、具材をのせたら、くるくる巻いてロール型にします。巻いたところを2箇所、楊枝で刺し、真ん中をナイフで切ります。これでロールサンドイッチの出来上がりです。この作業も、子どもは大好きで、喜んでやってくれます。

わが家では一度私がやってみて、ひと通りの流れを教えたら、子どもたち3人でやってくれました。

コツは、順番通りに作業できるように一つずつ置いておくこと。やりがちな失敗は、大皿などに一か所にまとめて置いてしまうこと。「どの順番でやるの？」と子どもに聞かれてしまいます。

子どもは一つ一つの手順を覚えるのが苦手です。また親が手順を教えるのも大変。でも段取りセッティングの方法なら、順番を見ながら、自分で考えるようになります。

モンテッソーリ教育において重要な操作に、❶対にする（ペアリング）、❷順番に並べる（段階づけ＝グレーディング）❸分類する（ソーティング）の3つがあります。

おにぎりづくりやサンドイッチづくりは、順番に並べる「グレーディング」の作業なのです。楽しくおにぎりやサンドイッチをつくっているように見えて、実はやるべき手順を分断して見える化していることになるので、ロジカルな考え方が養えるのです。

大人でも頭の中でぐちゃぐちゃと考えて、考えがまとまらなくなることがありますが、このように小さい頃から整理をして順番付けをする力が身についていると、情報整理もできるようになります。

２０２０年度から小学校でプログラミングの授業が必修になりましたが、小学生に急にプログラミングをやれと言っても難しいでしょう。小さい頃から日常生活の中でこのようなロジカルな考え方を身につけていくことが大切です。

ともするとすぐに受験や勉強に意識が向きがちですが、本当に大切なのはイメージする力です。このイメージ力は、日常生活の体験の中でしか、身につかないのです。

5分で「できる！」スイッチを入れるポイント

やるべき手順は「セッティング」の工夫で、教えなくても自分で考えてできるようになる

「着替え」がラクになる段取りセッティング

段取りセッティングは着替えにも応用できます。

着替えさせようとすると嫌がるので、自分で選ばせるように仕向けます。

大切なのは、着替えをセッティングする場所、方向、位置です。

朝起きたら、すぐに目につく場所に、肌着、シャツ、ズボンといったように、**着替える順番に衣類を置いておく**のです。「おにぎり」「サンドイッチ」方式と一緒ですね。

お風呂あがりに着替えさせたいときも同じように、お風呂から出てすぐ目につくところにタオル、パンツ、パジャマと着替える順番に置いておきます。

着替えを置く場所は、子どもの視線の先に、おもちゃやテレビなど興味を引くものがない場所にします。子どもは目につくものがあると、すぐに寄り道して、遊びのほうに行ってしまいます。

このようにちょっとした環境整備をすることで、着替えがラクになります。

ポイントは、セッティングだけはしておく、選ぶのはあなただよ、という状態にしておくということ。お母さんは、できないところがあれば手伝うよ、という姿勢でいながら見守ってください。

「用意はするけど、着替えておいてね」という感覚です。こう言うと、冷たい印象を受けるかもしれませんが、そうではありません。ズボンを持って子どもを追いかけまわして、「早く、早く！」とイライラしているお母さんより、ずっといいと思いませんか？

Eくんは1歳半の男の子。お母さんがおむつをはかせようとすると、いつも逃げて、お母さんの周りを1周回ってくると困っていました。私は「おむつ替えの準備だけして、お母さんは自分のことを楽しんでやっていて。おむつをはくタイミングは、Eくんに決めさせてね」とアドバイスしました。

それからは、おむつ替えのたびにお母さんの周りを走り回ってもお母さんは相手にせず、ヨガのストレッチなどをして気長に待っていました。誤解のないように申し添えると、決して子どもを無視するのではなく、わざとEくんから視線をそらすようにして、「自分のこと（この場合、ヨガ）をやっている」ようにします。子どもは想像以上に敏感に察知するものです。お母さんが子どもに注意を向けていると、子どもは「やらされている感」がして、ますますおむつをはこうとしないものなのです。

子どももはかなくてはいけないことは十分わかっています。**「自分がはく瞬間を選ぶのを、お母さんは待ってくれている」という感覚が伝わると、子どもは自ら行動するようになるのです。自分に選択権を与えてくれている信頼感があるからです。**

お母さんが楽しそうにリラックスしてストレッチをして待ってくれているので、Eちゃんは自分からおむつをはくようになりました。

勉強も同じです。やらされている感があるとなかなか成績が伸びません。たかがおむつ替えと思うかもしれませんが、おむつ替えのタイミングすら自分で選べない子が、大きくなって大事な選択を自分でできるでしょうか。自分から行動をすることができるでしょうか。きっと小さい時期から、選択すること、自分で決めて行動することを訓練しているのです。お母さんのほうも、日々の関わりで、子どもに寛大になること、子どもを許すことを学んでいると考えると、ラクになるのではないでしょうか。

この時期のお母さんと子どものやり取りは、すべての土台となり、本当に大切なことの連続です。ここでうまくやり取りができていると、難しい思春期も大きなトラブルなく乗り切ることができます。思春期でつまずいている親子の多くの原因は、「(子どもの)やらされている感」「親に強制されている不満」「親が手を出しすぎている」などといったことから起こっています。

子どもは強制されないことで、自分でやろうとします。管理しようとすると抵抗します。動物をたとえに出すのも変ですが、犬もリードを強く引っぱると抵抗し、ゆるめるとちゃんと歩くそうです。

口出しして、強制して、お母さんがイライラして自分のことができなくなるくらいなら、気持ちを切り替えて別のことをしたほうがずっと心の健康が保てます。そうやって自分のあり方を変えるほうが、親子共々、生きやすくなるのです。

5分で「できる!」スイッチを入れるポイント

やらされている感がなくなると、自分から動ける

「洗濯物たたみ」も分類能力を伸ばす楽しいマッチング遊びになる

洗濯物たたみも、子どもにぜひやってほしいお手伝いです。先ほどお話ししたモンテッソーリの重要な作業である「対にする（ペアリング）」「分類する（ソーティング）」が身につくからです。

取り込んだ後、山盛りになった洗濯物があったら、ぜひ子どもを呼びましょう。

モンテッソーリ教育では、たとえば赤いおもちゃを指差して、「これと同じ色のものを探してきてね」といった遊びをします。同じ色のもの、同じ大きさのもの、同じ形のものを探すことで、情報を整理・分析して、ものとものを区別したりすることを習得するのです。

この方法を洗濯物たたみのお手伝いでも応用します。

たとえば取り込んだ洗濯物を、タオルはタオル、シャツはシャツ、パンツはパンツで分けてみます。その他、「パパのもの」「ママのもの」「子どものもの」など家族別に分ける方法もおすすめです。ママのかご、パパのかご……と家族別のかごを用意しておき、かごに入れさせるとゲームのような感覚でできて面白いですよ。もうこの作業自体が「分類する（ソーティング）」です。

また、靴下のペアを見つけてまとめれば、「対にする（ペアリング）」の作業になります。子どもって、同じものを見つけるのが大好きです。よく「おんなじ！　おんなじ！」と子どもは言いますね。「おんなじ、おんなじだね」などと声をかけてお母さんも一緒にやってあげてください。そのまま楽しい遊びになりますよ。

ちなみに、ブロックや積み木など、同じ種類のおもちゃを片づけるのも、ソーティングです。**子どもは「元の位置に戻してね」と言ってもわかりませんが、「同じ仲間を集めてね」と言うと、すんなり動き始めます。**

5分で「できる！」スイッチを入れるポイント

「ペアリング」と「ソーティング」を楽しい遊び感覚で身につけよう

「マイぞうきん」を用意して、自分で拭くことを教える

私がママ友と初めてモンテッソーリの幼稚園を見学したときの衝撃は、今でも忘れられません。

前著『そのイタズラは子どもが伸びるサインです』（青春出版社刊）でも書きましたが、見学中、子どもが花瓶の水をこぼしてしまいました。すると、先生は子どもを一切責めることなく、「一緒にぞうきんを取りに行こうね」と言ったのです。

先生は「失敗したときが教えるチャンスです」と言って、子どもと一緒にぞうきんで水を拭《ふ》き、ぞうきんを洗って干すところまで教えてくれました。

ここで学んだのは、子どもが何か失敗をしたとき、叱ったり、注意したりするのではなく、どう対処するのかを教えることの大切さでした。最初にしっかり教えさえすれば、次に同じことがあったとき、子どもは自分で処理することができます。

そうはいっても、忙しいときにコップの水をこぼしたりしたら、「ああ、こぼして！」

「小さいぞうきん」を通して失敗に負けない子に育つ

と言いたくなってしまいますよね。でも、ここはぐっとこらえて、「ぞうきんを取りに行こうね」と言ってみてください。どんな小さな子どもだって、まずいことをしちゃった、ということはわかっているのです。そこに追い打ちをかけるようなことをわざわざ言う必要はありません。

子どもがこぼしてしまったときの対策として、私がおすすめしている方法が、「マイぞうきん」です。いくら自分で拭くことを教えても、拭きにくかったらやりたくなくなってしまいます。**道具を使うとき、いかに子どもがやりやすいようにしておくかも、大切なポイントです。**

ぞうきんの場合、まず子どもの手のひらのサイズに合う大きさにすること。普通のぞうきんは子どもの手には大きすぎるのです。目安としては、普通のぞうきんの4分の1くらいの大きさが、最も持ちやすいようです。4、5歳のお子さんなら、フェイスタオルの8分の1くらいの大きさにします。すると、拭きやすいだけでなく、ぞうきんを縦半分にすれば、握ったままで絞ることができます。

ぞうきんの周りを毛糸でかがって、赤い毛糸でかがったぞうきんは机用、青い毛糸でかったぞうきんは床用、あるいは、白色のぞうきんは机用で黄色のぞうきんは床用というように、色分けすると子どもにはわかりやすくなります。

もちろん、色分けしなくてもわかるなら、わざわざする必要はありません（面倒ですものね）。このくらい、気楽な気持ちで取り組んでほしいのです。

たとえば机を拭くときは、**乾いたぞうきんに水が染み込む様子を見ながら、「ジューッとしてきたね」などと言いながら拭きましょう。ぞうきんに水が染み込むことだって、子どもには楽しいことなのです**（お母さんは早く拭きたいかもしれませんが）。

失敗の始末をすること自体が、子どもにとっては遊びです。子どもはその様子をとてもよく見ています。だから、お母さんもいい加減にやらないで、「1回バケツで絞ろうね」と言って絞ってみせ、拭き残しがあったら「あ、ここ、まだ拭けてないね。ここも拭いてね」と言って拭かせます。

5分で「できる!」スイッチを入れるポイント

ぞうきんのサイズを子どもサイズにして用意しておけば、失敗の始末も喜んでやる

失敗したときこそ、「考える力」を引き出すチャンス

対処法を教えることも大切ですが、そもそもこぼさないようにさせたいのがお母さんの本音でしょう。

よくこぼす子は本当に毎日のようにこぼします。まずはなぜこぼすのか、原因を考えてみます。

いれ物が重い、または持ちにくい、いれ物を置く位置が悪い、などなど。

こぼすことを自覚させて、解決策を考えさせなければいけないので、年齢が高い子には「どうしたらこぼさなくなると思う？」などと質問します。

考える力を養うためには、お母さんの質問力も大事。たいてい、我慢しきれずにお母さんが答えを教えてしまうか、自分でやってあげてしまうかしていませんか？　お母さんの質問力が高いと、自分で考える子になります。

将来、社会に出たとき、次から次へと困ったことが起こります。困ったときにどう

対処したらいいかわかる子は、社会で活躍できるでしょう。そのためには、小さいうちに、どれだけ困った体験をするか、なのです。

何度も失敗してトライすることを繰り返してきた子は、強いです。日々質問して、子どもにとって考えることが当たり前になったらベストです。

どうしても子どもが考えられないとき、わからなそうにしているときは、お母さんは女優になりましょう。「どうしたらいいんだろうねー」と一緒に困ったように考えるふりをするのです。一緒に考えるふりをして、少し放っておきます。自分が安心したいために、先を急ぐために、答えを言いたくなる気持ちをぐっと飲み込んでください。

まだ質問ができない年齢の子には、お母さんが環境を整備します。たとえば注ぎ口の狭いピッチャーに変えたり、コップの下にトレイを敷いたり、コップを置く位置を変えたりして、こぼさない対策をとりましょう。

5分で「できる!」スイッチを入れるポイント

「どうしたらいいと思う?」と質問すると、考える子に変わる

お風呂に入らない・出たがらない子に効く「お風呂遊び」

お風呂が大好きな子もいる一方で、お風呂が嫌いで困っているご家庭も多いでしょう。

お風呂に入るのを嫌がる子には、ちょっとしたお風呂が楽しくなるしかけが必要です。私がお母さんからこのような悩みを相談されたときに紹介しているグッズをいくつか紹介しましょう。

ひのきの湯玉

本来は、お風呂に入れてひのきのいい香りを楽しむためのもの。でもこれが、子どものお風呂のおもちゃとしてもぴったり。湯船に沈めて手を離すと、ポン！と浮かび上がってくるのが楽しいようです。「物が浮かぶこと」＝浮力を知ることにもつながります。

ジェリーボール

よく植物のインテリアとして花瓶などに入っている、カラフルなボール。水を吸収すると何倍にも膨らんで、それだけでも楽しいです。

ジャムの空き瓶（なければお風呂の桶でも）に一つ一つ入れて、ビー玉落としのようにして遊ぶと、ハマるお子さんが多いです。「1つ、2つ」と数えながら遊ぶと、数字の学習にもなります。100円ショップで購入できます。

ひのきの湯玉はツルツルしているので、気をつけて持たないと滑ってしまいますね。また、ジェリーボールはぷよぷよしているので、強く握るとプシュッと潰れてしまいます。手で感触を確かめながら、微妙な力加減をしなければなりません。このように**力加減を研ぎ澄まし、バランスよく手で持つ感覚を養うことはとても大切です**。今、こういった経験がなく、力加減ができない子が増えています。

お風呂遊びは感覚の訓練にもってこいの場所です。感覚には、重さの違いを手で感じ取る「固有覚」、バランス感覚につながる「前庭覚《ぜんていかく》」、手で触る感覚の「触覚」があります。

この3つの感覚を経験する機会が、今の子どもたちは少なくなっています。そーっと触らなければいけないものを力を入れすぎたり、揺れる感覚を怖がったり、手で持って重さの違いがわからなかったり。

私たちが子どものころは、お風呂にタオルをふわっと広げて浮かべて空気で膨らませ、プシュッとつぶして遊んだものです。こんな当たり前の遊びが、今はなかなかできなくなりました（そもそもお風呂でタオルをあまり使わなくなりましたね）。湯玉やジェリーボール以外にも、カラーボールすくいや水風船でもこれらの感覚は養えます。

おまけに言うと、昔ながらの洗濯板も楽しいお風呂グッズになります。これでハンカチを一緒に洗ったりするのが楽しい遊びになっているというお母さんもいました。強すぎず弱すぎず、手の力加減の調節の訓練にもなっておすすめです。お風呂が嫌いな子どもも、これでお風呂が楽しくてたまらなくなるでしょう。

お風呂が大好きになると、今度は遊びに夢中で、お風呂からなかなか出たがらないという悩みが出てくるかもしれません。

「お風呂の時間」は学びのチャンス

お風呂から出たがらない子には、**前もって「（数を調整しておき）ジェリーボールを全部入れ終わったら出るね」「水風船がなくなったらおしまい」など終わりを自分で決めさせておく**のがポイントです。

「10を数えたら出る」ご家庭も多いと思います。「ジェリーボール、9、8、7……」と数を減らしながら数えていき、「ゼロになったら出るよ」という方法です。

「ゼロの概念」をこの時期から知るのはとても大事です。**ゼロになったらおしまい、ゼロ＝「ない」という感覚をつかむことができます。**

お風呂からちゃんと出られたら、「できたね」「やめられたね」とほめてあげてください。この一言が最後にあるかないかで次の行動が変わり、翌日のお風呂でも終わりを自分で決められるようになります。

人は報酬がないとやる気が出ないものです。大人だってそうですよね。お子さんにはどうか、「言葉の報酬」を惜しみなく与えてあげてくださいね。

5分で「できる！」スイッチを入れるポイント

楽しいお風呂遊びで、五感を高め、数の学習にもなって一石二鳥

「集中できない」子には、集中できる環境をつくる

着替えのところでもお話ししましたが、子どもに何か集中させたいときは、視界に余計なものを入れないように配慮する必要があります。目の前におもちゃがあれば、そちらに意識がいってしまうのは子どもなら当然です。

子どもに新しいことを教えるときは、子どもが集中できるように、視界に何も入ってこないように壁しか目に入らない場所に連れて行ったり、体の向きを変えたりする必要があります。

ボタンのかけ方のところでもお話ししたように、子どもに新しいことを教えるときは、言葉をかけずに、ただ黙ってやり方を見せます。このような状況では、子どもは見ることと言葉を理解することを両方同時に処理できないので、言葉で説明しないで見せるのです。

最近スクールに入ってきた2歳半のFちゃんも、最初はまったく集中ができませんでした。口グセは「ママやって」。わざとものを落としては「ママ、拾って」。スクールに来ても、お菓子ばかり食べていて、スクールには参加せず、お母さんはがっかりして帰っていく……ということが何回か続きました。

ママは本当に一生懸命でした。見かねた私は「ママが何でもやってあげなくていいんじゃない？　自分で落としたんだから自分で拾えばいいのよ」と声をかけました。私から見るとFちゃんは、自分から遊ぶ楽しさを知らないという印象でした。「やって」というとママがやってくれるから、「やって」と言ったほうがママが喜ぶ、と思っているようでした。

「自分でできる」って本当は嬉しいことですし、「集中できていると楽しい」ことも、子ども自身は無意識にわかっています。それを感じる経験をたくさんさせてあげたいのです。

もう一人、Gくんも3歳であるにもかかわらず、最寄駅からスクールまでママに抱っこされて来ました。でもGくんを見ていると、ママのためにわざと「ダメな僕ちゃん」を演じているように見えました。本当は自分でできるのに。ママの期待に応えて、ダメな自分を演じているのです。でもそのままでは、「僕は本当にできない子なんだ」と思うようになってしまいます。これではかわいそうです。

お世話とサポートを誤解しているお母さんは意外と多いものです。前に述べたように、お母さんは子どもがつまずいているところだけをサポートしてあげればいいのです。なんでもやってあげるのが愛情ではありません。

子どもが集中できることに出会えるかどうかは、タイミングにかかっています。とくに**3歳までは〝旬〟が大切**。**子どもがその能力を伸ばしたいと思えるものに出会えたとき、子どもは集中します**（モンテッソーリ教育では、この旬の時期のことを**「敏感期」**と呼んで大切にしています）。

出会ったそのときに伸ばさなければ、もうその能力を伸ばすことができないのです。使えるはずの能力を伸ばさないまま消滅させてしまうのは、もったいないことです。できれば3歳まで、遅くとも小学校に入るまでに、たくさんの体験をさせてあげてほしいのです。

もちろんそのときにその能力が伸ばせなくたって、大人になればできるようにはなります。たとえばボタンかけができない子どもでも、大人になってボタンがかけられない人はいませんね。でも、その大人も、もっと細かい作業は苦手かもしれません。ちょっと手先が不器用な人になっているかもしれません。「そのときに伸ばせる能力を思いっきり伸ばしたかどうか」というのは、そういうことなのです。

伸ばせる時期に伸ばしてあげなければ、いろいろなことに苦手意識を持ってしまいます。自分では気がつかないけれど、苦手意識を持ってしまう――それは細かい作業だったり、運動だったりしますが、私たち大人も、日々実感していることではないでしょうか。

私は豊かな経験がある人ほど豊かな人生を楽しめると思っています。できないことや苦手なことがたくさんあると、制限がかかる人生になってしまいかねません。どうせ同じ人生なら、「あれもできる、これもできる」と思えたら楽しいですよね。もちろん、完璧になんでもできる必要はありません。でも少なくとも、**子どもには選択肢が多い人生を歩ませてあげたい**ですよね。

子どもが集中しないのは、まだ夢中になれるものに出会っていないだけなのです。

Ｆちゃんを見ていて、「もしかして今やっている遊びでは物足りないのかもしれない」と思った私は、はさみをやってみせました。すると、Ｆちゃんの顔がぱっと輝いたのを見逃しませんでした。「そうそう、こういうのがやりたかったのよ、私！」Ｆちゃんの心の声を代弁すると、こんな感じだったのではないでしょうか。

Ｆちゃんは、はさみ遊びにはまったことをきっかけに、いろいろやりたがるようになったのです。

友達の輪の中に入らない、遊びたがらないと言って悩むお母さんがいますが、子どもはちゃんと「自分が今、必要なことを選んで」やっています。お母さんは「ただ見ているだけでまったく参加しない」と思うものですが、**子どもの中には考えてからやる子と、やりながら考える子がいます。**

考えてからやる子は、ただ参加しないのではなく、見ていないようでしっかり観察しています。そんなときに「一緒に遊んできなさい」「ほら、楽しいよー」などと言っても無駄。観察している子どもの頭の中では、観察しつつ、まるで一緒に遊んでいるかのような状態になっていることも多いのです。その証拠に、家に帰ると同じような遊びをしたり、そのとき歌っていた歌を口ずさんだりします。そのような子は、**自分の中でイメージが確立できたとき、輪の中に入っていきます**。だからお母さんは必要以上に心配しなくていいのですよ。

5分で「できる！」スイッチを入れるポイント

わが子が夢中になれるものに出会う手助けをしよう

外出時「じっとしていられない子」に、おすすめの遊びグッズ

お母さんが頭を悩ませるシチュエーションの中でも、「お出かけ対策」は大きいものではないでしょうか。

外出時に走り回る、大声を出す、すぐに飽きてしまう……など。

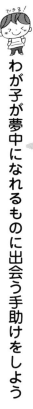

困ったことが起こる前に、外出時には先手必勝。やはりグッズに頼るのがいちばんです。グッズといっても携帯ゲームやスマホではありません。

子ども用のリュックに、おでかけ用のグッズを入れましょう。

おすすめの中身は定番ですが、クレヨンや、ペタペタと貼れて楽しいシール、折り紙など。折り紙は、折るだけでなく、ちぎる、くちゃくちゃにする、折り紙に書く、折り紙にシールを貼るなどいろいろな用途に使えます。

くちゃくちゃにするだけなら赤ちゃんでもＯＫ。いろいろな種類のものを用意しておくと飽きずに楽しめます。

お出かけ時に持って行くおもちゃは、初めて出会うものがいいです。目新しいものはくいつきがよく長く集中してくれます。お出かけのときのために、普段から初めてのおもちゃを用意しておくといいでしょう。

小さい赤ちゃんにはスタンダードなおもちゃですが、あちこちに網目があり穴があいているオーボールはおすすめです。網目の中にハンカチを入れて引っ張り出したり、ひもを通して左右上下に滑らせたりすると、目の運動にもなって小さい子でも動きをよく研究するかのようにおとなしく見てくれます。

ハンカチ一枚でも工夫次第でいろいろ遊べます。お互いに引っ張りあって綱引きや、お母さんがくちゃくちゃにして手の中に入れて、少しだけつまんで引っ張ったり。少し大きい子どもなら、何かを包んでリボン結びの練習もできます。

またポケット図鑑のような本は、4、5歳くらいの男の子には人気です。電車に夢中な子のお母さんからメールをいただきました。電車で遠出しなければならないとき、電車のポケット図鑑を持たせて出かけ、図鑑と実際に見る電車を照らし合わせてみたり、日本地図と照らし合わせたりすると、長時間興味を持ってくれ、地名も覚えられて一石二鳥だったそうです。

ちょっとしたグッズでも工夫次第で遊びになるのが子どもです。むしろ、「何も持っていくものがない」「市販のおもちゃだとすぐに飽きちゃう」と言って、安易にスマホやＤＶＤなどを見せてしまう大人のほうがずっと想像力が乏しいのかもしれません。

5分で「できる!」スイッチを入れるポイント

お出かけグッズは、おもちゃやＤＶＤより、ハンカチや折り紙がおすすめ

なぜ、この場では大声を出してはいけないのか自分で考える方法

もちろん、グッズで遊ぶ前に、そもそもなぜ大声を出してはいけないのか、走り回ってはいけないのかは伝えたほうがいいでしょう。

「電車の中では寝ている人もいるよね。大きな声を出すと、その人たちはすごく嫌だと思うよ」「電車の中はいろいろな人が乗っているから、小さな声で話そうね。外に出たら大きな声を出していいよ」などと言い聞かせます。

「このくらいの声で話そうね」と、実際にお母さんが声の大きさを示してみせると、伝わりやすくなります。子どもには、声のボリュームの調整が難しいからです。

私がいたモンテッソーリ幼稚園では、遠くにいる子どもに向かって大声で「◯◯ちゃーん！」と呼ぶようなことはありませんでした。必ずその子のそばに行き、耳元で「◯◯ちゃん」と呼んでいました。**大声で名前を呼ぶよりずっと、子どもの意識は集中します。**

また大勢で集まったときは、どんなにうるさくても、「わあ、すごい。もう静かになっているね」と言います。先にこう言うことで静かになります。

そのあと、わざと小さな声を出して、「このくらいの声で聞こえるかな？」と言うと、シーンとしたものです。

「今日はこのくらいの声でしゃべるけれど、真似っこできるかな？」と言えば、電車の中でも応用できる方法だと思います。

このとき、「ちょっと難しいけどやってみる？」と言ってみてください。

「ちょっと難しいけど」は魔法の言葉です。子どもは挑戦したい、成長したいと思う生き物。だから難しいと言われると、反応し、やってみたくなるのです。

さらに「もうできると思うんだけど」「◯◯ちゃんならできるよ」と前向きな言葉を使ってみましょう。

前向きな言葉は意識しないと出てきません。逆に「まだできないかもしれないけど」「まだ早いから難しいかな」と言うお母さんが多いのです。

たとえば、すぐにこぼす子には、「こぼさないでね」と言わずに、「こぼさないようにできるかな？」と言うのです。

お母さんはちゃんと見ていてくれる、できると思ってくれている、と子どもが思えたら、大成功です。

5分で「できる!」スイッチを入れるポイント

小さな声で話してみせ「ちょっと難しいけどやってみる?」でやる気になる

第2章

わが子の発達に合わせる

その「困った！」を解決する前段階のステップがあります

その子の成長に必要なことはその子にしかわからない

日ごろからお母さんに様々な相談を受けますが、とくに初めてのお子さんで不安になるのが、発達や成長の違いです。本に書いてある月齢よりもわが子が遅いと、たちまち心配になってしまうようです。

育児書やネットの情報を見て、マニュアル通りでないと不安になるお母さんもいます。マニュアルと違うと、「うちはこうなのですが、大丈夫ですか」などと聞かれます。「普通だったらこう」「みんなはこう」と決めつけてしまうと、つらくなってしまいます。

子育ての常識って何だろう、と思います。長年子どもに関わってきた私でさえ、いまだに試行錯誤の連続です。「こう言ったらダメだったから、次はこう言えばいいのかな」とあれこれ考えを巡らせながら、子どもに話しかける言葉を変えてみたり、これがダメなら、この手はどうだろうと試してみたり……。

発達の仕方だって、「歩くのは早かったけど、言葉は遅い」とか、その逆だってあります。その子がどんな発達の仕方をするかは、誰にもわからないのです。

たとえば育児書には「スプーン食べを始める目安は◯か月」などと書かれていますが、目安はあくまでも目安です。**世の中の普通に合わせるより、その子に今必要なことなのかどうかをよく見てください。**育児書やネットではなく、目の前のわが子をよーく観察してほしいのです。観察して試行錯誤していろいろ試してみたら、「ああ、この子は今、これを欲しているんだ」とわかります。今の時代、この試行錯誤が絶対的に足りていません。

その子の成長や発達に必要なことはその子にしかわかりません。それと同時に、**わが子が求めているものを与えられる人はお母さんしかいません。**

「今、この子には何が必要なのかな」「何を求めているのかな」という見方でわが子を観察してみてください。「これが常識だから」「この月齢でこれをやるのが目安だから」と考えた瞬間、子どもを観察しなくなり、わが子のことがわからなくなってしまいます。

この章では、「まだ◯◯できない」という悩みについて、その子一人一人の発達に合わせた解決法をお話しします。その前にこのお話をしたのは、この本をマニュアルのように使ってほしくないからです。どうかわが子の発達に合わせて、ただし子どもが求めたらすぐに与えられるように見守りながら、焦らずに楽しんでやってみてくださいね。

5分で「できる！」スイッチを入れるポイント

成長を焦らず、「今、この子の成長に何が必要かな」という目で観察しよう

スプーンを嫌がるなら前の段階に戻りましょう

離乳食に慣れてくると、そろそろスプーンやフォークを持たせてみようかしらと思います。お母さんからも「スプーンはいつから使えるようになりますか」と聞かれます。

しかし、「ほかの子が使えているから」「育児書やネットに書いてあったから」といった理由でスプーンを使わせようとすると、失敗します。

せっかくスプーンを持たせても、嫌がって投げてしまったり、スプーンで遊んでしまったり。「こうやって持つのよ」とやってみせてもダメ。そんなときは、まだその子にとってスプーンは必要ではないのです。**無理せず焦らず、前の段階に戻りましょう。**

スプーンを使わせる前には、その前段階のステップ、「手づかみ食べ」が必要です。手づかみ食べをすると、手も汚れるし、テーブルまわりも食べこぼしが増えるし、お母さんにとってはあまりされたくないことかもしれませんが、この時期の発達には、絶対に必要なのです。手でつかんだ食材の感触、口に持って入れたときの達成感、すべてが大切です。

スクールでは、**手づかみ食べ→レンゲ→スプーン→お箸《はし》の順番**にしてね、と言っています。もちろん、同時進行でもいいのですが、子どもの発達に沿った順番なので、無理がありません。

お箸をなかなか持てなかった子には、前々段階の「レンゲ」に戻ってもらったところ、しばらくして上手にお箸が持てるようになりました。スプーンも、上からつかむように持ってしまう子が多いのですが、先に「レンゲ」を持たせて、下から（手のひらを上に向けて）持つことを覚えると、その後のスプーン、お箸への移行がスムーズなのです。

お母さんからは「今まで必死にスプーンを持たせようとしていましたが、前の段階に戻ってやらせると、こんなにすんなりできるようになるんですね」と感心されました。

前の段階での土台を作って次のステップへ。いきなり高度なことはさせず、焦らずに遠回りしたほうがいいのです。ただし、いつでも挑戦できるように環境の整備はしておきましょう。手づかみ食べに戻っても、スプーンや箸は常にテーブルに用意しておきます。スプーンも箸も、その時期が来たら必ず自分から手を伸ばします。

自分で「できる！」と判断できたときに使い始めます。急ぐ必要はありませんが、先読みして環境を整えておくことはとても大切です。

コツは「環境を整えて待つ」。環境を整えたらすぐにやらせようとしてしまうお母さんが多いのですが、子どもがやりたくなるようなしかけだけを用意しておき、何もせずにただ待てば大丈夫。こう考えると、とてもラクになりますよね。

5分で「できる！」スイッチを入れるポイント

「前のステップ」に戻ると、すんなりできるようになる

「おはしを使う」前に、3本指を使って「つまむ」練習をする

スプーン同様、お箸をうまく使えなくて悩むお母さんも多いでしょう。お箸が使えなければ、お話ししたように前段階に戻ればいいのですが、それ以前に、ものを「つまむ」練習をしておきましょう。

つまむことに慣れておくと、お箸を持たせたとき、スムーズにできます。

つまむときに使う親指と人さし指、中指の3本は、お箸を持つときに必ず使う指だからです。子どもは、床に落ちているゴミをつまんだり、テーブルにこぼれたごはん粒をつまんだりします。お母さんにとっては、「汚いからやめてー」と言いたくなるようなこんな行為も、3本指を使って細かいものを「つまむ」練習になっているのです。

小さいころから意識してつまむことを繰り返していると、3本の指の筋力が知らず知らずについてくるのです。

よく「トレーニング用のお箸を使っています」という声を聞きますが、子どものお

箸の持ち方を矯正したい場合も、市販のものを使わなくても大丈夫。トレーニング箸や、歩くための歩行器など、補助してから完成形に入ろうとするグッズは、賛否両論あります。私個人としては、このようなグッズに頼らずに、子どもの発達に合わせて親がサポートしてあげるべきだと思っています。**子どもが伸ばしたい力を、そのまま伸ばしてあげることが大切です。**

このような便利なグッズを否定するわけではありませんが、困ったとき、「この子はこれができないから、あのグッズを使おう」と安易にグッズに走ってしまう前に、ちょっと立ち止まってほしいのです。

3本の指の筋力が大切と言いましたが、その前に親指と人さし指の2本の指でしっかり持てているかを見てあげてください。

指揮者が指揮棒を持つように、遊び感覚で持たせてみましょう。これができれば、あとは中指を添えるだけ。お箸を持ってみるとわかりますが、実際に食べ物をはさむときに動かしているのは上のお箸なのです。ですからまずは2本の指でお箸をしっかり持ち、3本の指で上のお箸を動かせれば上手に使えるようになります。

また、子どものお箸の持ち方が違うときに、つい「持ち方が違うわよ」などと大人

手づかみ食べ→（レンゲ）スプーン→お箸の順番で

お箸を使う前に、親指・人差し指・中指の３本の指を使う練習をしておくと、うまくいく！

は間違いを訂正したくなるものですが、間違いを指摘しても子どもは正しい持ち方に変えてはくれません。

どうしても上手くいかないときの裏ワザ（？）が、先述した「道具を新しくすること」。つまり、新しいお箸に変えるのです。

そんなこと!!　と思うかもしれませんが、効果は絶大。

「この新しいお箸はこうやって持つんだよ」と言いながら、持ってみせます。**子どもは道具が変わることで、意識を変えることができるのです。**

間違った持ち方のクセがついていたとしても、

「このお箸だと、上手にごはんがつまめるんだよ。見ててねー」

と、〝この〟お箸ならできる、という、いいイメージを持たせるのです。

5分で「できる！」スイッチを入れるポイント

3本の指で「つまむ」遊びをたくさんして、箸を使う準備をしておく

子どもは動きながら学ぶ

親がやめさせがちな「歩き食べ」も子どもにとっては必要だ、と私は考えています。

食事は最初から最後まで座って落ち着いて食べるもの、と思っていませんか？ 外食中ならそれもわかりますが、家庭で、一度も席を立たないで食事を続けるなんて、大人だって不可能ではないですか？

私もよく、食事中に調味料を取りに行ったり、急に思い出してメモを取りに行ったり、テレビで気になることを放送していると、近くまで行って確かめたりしています（笑）。

親としてはどうしても、食事中は食べることに集中してほしいと思ってしまうものです。もちろん食事中に気が散らないようにテレビを消す、おもちゃが目に入らないようにするなど、子どもの視界に興味深いものが入らないようにする配慮は必要です。

でも、子どもは常に情報を入れること＝インプットを求めているし、知的好奇心を満たしたいと思っています。この子どもの「あ、今！」というタイミングを逃したくないのです。子どもは感情のままに動いているけれど、動きながら常に情報をインプットしています。

「子どもは動きながら学ぶ」とは、モンテッソーリの言葉です。

体を動かしながら情報を入れると、より脳の前頭前野に吸収しやすいと言われています。食べながらチョロチョロするのはお行儀が悪いのは確かですが、「絶対ダメ」ではない、というのが私の考えです。

食事の時間は20分あれば十分です。歩きながらダラダラ食べさせたくなかったら、お腹を空かせた状態で食事に集中させ、夢中で食べたらさっと切り上げるのが理想です。そのあとは、思いきり子どもを解放してあげましょう。

5分で「できる！」スイッチを入れるポイント

「歩き食べ＝悪い」ではなく、子どもの知的好奇心のあらわれと考えてみる

「残さず食べなさい」「ダラダラ食べはいけない」の落とし穴

私が幼稚園で未就学児教室に携わっているころ、お弁当の時間に1時間たっても食べ終わらないHちゃんという女の子がいました。見ると、パンを小さくちぎって少しずつ食べています。これはおかしいと思って、お母さんに聞きました。

「ママが『頑張って最後まで食べなさい』と言っていませんか？」と。

お母さんはハッとした顔をしていました。家では「もう片づけるよ！」と怒ると、「やだー！」と泣くのだそうです。

きっと、Hちゃんは食べたくはないのです。でも食べなきゃいけない、といつもママに言われるから食べようとしているのです、苦しくても。

お母さんの刷り込みは、想像以上に子どもを支配します。「全部食べないとダメ」「食べ終わるまで遊んじゃダメ」と毎日のように言われると、子どもはお母さんに喜んでほしくて、期待に応えたいと思うのです。でも、本当にお腹に入らないときはどうにもなりません。Hちゃんの場合も、1時間も座っていて食べ終わらないのはおかしいのです。

食べる気がしないのにずっと座っていなくてはいけないのは、子どもにとって強迫観念になります。

食べるのが遅い、いつもダラダラ食べていると悩むお母さんは多いですが、食べきれない量を与えているのではないでしょうか。そもそも子どもの食事は、お腹が空いた状態で食べ、短時間ですませるもの。その子が20分くらいで食べきれる量にしてあげましょう。

「まずこれだけは食べようね」と、その子が必要としている量だけを与えましょう。もっと食べたいと言えば、増やせばいいのです。

食事に限らず、**その子が「できる分だけ（ここでは食べられる分だけ）与える」のがコツです**。その子にとって難しくてクリアできないものだとやる気をなくしますし、逆に易しくてすぐにクリアできてしまうものでは物足りないのです。

また、「食べない」と悩んでいるお母さんほど、食事と食事の合い間でジュースやお菓子などを与えていることが多いように感じています。「食べないから、せめてこれだけでも食べてほしい」と、ジュースやお菓子を与えてしまうから、余計に食事の時間に食欲が出ないという悪循環になっているのです。

まず、一日の子どもの食事を、おやつも含めて書き出してみてください。意外に余計なものを与えている可能性があるかもしれません。もし「いろいろ与えすぎたかも」と気がついたら、一度、食事以外のおやつやジュースは控え、子どもが「お腹すいた～!!」という状態で夢中になって食事を食べられるように工夫してみましょう。

食べる量は子どもによって個人差が大きいものです。子どもには「本当に食べたい」と思って食事をしてほしいですね。

5分で「できる!」スイッチを入れるポイント

無理に食べさせるより、その子が20分で食べきれる量にする

「いい姿勢」をつくるハイハイはたっぷりと

食べるときに背中が丸まっていたり、ひじをついていたり。食べるときの姿勢が悪いと、つい「姿勢をよくしなさい！」と言いたくなります。

でも、食べるときの姿勢が悪い子は、**ただお行儀が悪いのではなく、背筋《はいきん》が育っていない**可能性があります。

スクールで赤ちゃんを見ていると、今、うつぶせに慣れていない子が多いと感じます。うつぶせにさせると、すぐ泣いてしまうのです。赤ちゃんが泣くと、すぐ抱っこしてしまうので、うつぶせに慣れないまま成長してしまいます。

少し前までは、うつぶせに寝かせるとよく寝ることから、うつぶせにしているお母さんも多かったのですが、うつぶせ寝が窒息につながったり、乳幼児突然死症候群につながるといった報告がされてから、すっかりうつぶせ寝は避けられるようになってしまいました。

15年以上も前から、赤ちゃんを仰向けに寝かせることを保健所や小児科でも推奨しています。

たしかにうつぶせ寝には注意が必要です。でも、うつぶせで寝かしつけるのではなく、お母さんが見ているところで、赤ちゃんをうつぶせにさせることは、背筋をつけるのに必要なことだと思っています。

うつぶせにできないこととつながっていますが、赤ちゃんの時期にハイハイやずりばいをあまりしないまま、つかまり立ちや立っちができてしまう子もいます。うつぶせに慣れていないから、ハイハイもずりばいもしないのです。

親としては、早く立っちができると嬉しいものですが、ここでも子どもにとって必要な、背筋を鍛える機会が持てないまま、成長することになります。

背筋が足りなければ、上半身も鍛えられず、姿勢を維持できません。

ふにゃふにゃの体に「姿勢よくしなさい」と言ってもできないのは当たり前です。

生後2、3か月くらいの赤ちゃんなら、日中、お母さんが見ることができる間だけでもいいので、ぜひうつぶせにして腹ばいをさせましょう。

たとえば、**仰向けに寝ていて、手足をバタバタさせているときは、運動神経を研ぎ澄ませたいと思っているときです**。そのときにうつぶせにしてみましょう。

バタバタさせている動きをうつぶせにすることで床を手で押すことを覚えます。そして目の前に、興味を持ちそうなおもちゃを置いてみます。このとき、おもちゃを見て、赤ちゃんが「触ってみたい」と思わせるように、おもちゃを揺らして面白そうに見せるのがコツ。

すると、体を一生懸命に動かして、おもちゃに触れようと手を伸ばしてきます。そのときすかさず、赤ちゃんの足の裏を押さえます。お母さんの手で壁をつくってあげるのです。お母さんの手を蹴ったら前に進む！　この経験をさせてあげたいのです。

ズズッと前に進むと、「あれ、進んだ」と赤ちゃんにもわかります。こうしておもちゃに手が届いたら、これが達成感、成功体験につながって、次も頑張ろうと意欲が湧いてくるのです。

また、うつぶせにすると首をよく持ち上げますが、このときに首と背中の上のほうの筋肉が強化されます。この筋肉が寝返りやおすわり、ハイハイにつながっていくのです。そばについて安全をたしかめながら、うつぶせ寝タイムを楽しみましょう。

うつぶせ寝タイムを一日に何回かもつことで、赤ちゃんもうつぶせが好きになります。最初は慣れていないと泣いて嫌がるかもしれませんが、お父さんやお母さんの膝の上でうつぶせにすることから始めましょう。

練習すればするほど好きになりますよ。

5分で「できる！」スイッチを入れるポイント

楽しい「うつぶせ遊び」が背筋を鍛えて意欲を育てる

自然と体幹と脳が鍛えられる遊具3点セットはこれ！

では幼児の場合は、どうやって上半身の筋肉を発達させ、体幹を鍛えればいいのでしょうか。もちろん幼児になってからでも、十分に鍛えることができるので、安心してください。

幼児になると、道具を上手に使うことで、正しい姿勢に必要な筋肉が鍛えられます。私がすすめている〝体幹が鍛えられる道具3点セット〟は、背もたれのない丸椅子、トランポリン、そしてうんていです。

❶背もたれのない丸椅子

まず、家庭でもできるのは、背もたれのない丸椅子です。背もたれがないと、腰をまっすぐに立て、姿勢を良くして座らないと落ちてしまうので、体幹が鍛えられます。背もたれがない分、足はしっかり床につけるようにしてください。足がブラブラと宙に浮いていると危険です。

子どもの足の長さに合った丸椅子がなければ、お父さんなどが椅子の脚を切って調整してあげましょう。

❷トランポリン

トランポリンは、不安定なところでジャンプをするときにバランスをとろうとする動きが、自然と正しい姿勢に必要な体幹を鍛えます。私が勤務していたモンテッソーリ教育を取り入れた幼稚園でもトランポリンを置いていて、子どもたちに大人気でした。とはいえ、一般のご家庭では、どこでやればいいの？　と思われるかもしれませんね。

もし状況が許せば、ぜひご家庭で日常的にやってほしいと思います。今、家庭用の小さいトランポリンは、いろいろな種類のものがたくさん市販されています。わが家でも、部屋と庭にそれぞれ、トランポリンを置いていました。そのせいか、うちの子どもたちは３人とも、姿勢だけはよく先生にほめられたものです。

マンションなどに住んでいる方は、音や振動が気になるかもしれませんが、振動が少なく静かなタイプも出ています。むしろ、ソファに飛び乗ったり、ジャンプして飛び降りたりして下の階の方に迷惑をかけるより、体幹を鍛えられるトランポリンのほうがずっといいでしょう。

私は運動やストレッチの専門家ではありませんが、実感として、トランポリンは絶対に子どもにいいと確信しています。上手く言えないのですが、「子どもたちが欲している動き」なのです。そう、子どもたちは本能的に「跳びたがっている」のです。だから、トランポリンを置くと、子どもたちが飛びつくのでしょう。

第１章で、今の子どもたちに絶対的に不足している３つの感覚のうちのひとつ、バランス感覚につながる「前庭覚」についてお話ししました。**トランポリンはまさに、この前庭覚の訓練につながります。バランスをとることは、精神のコントロールにもつながります。**

もしもトランポリンを怖がる子どもがいたら、この前庭覚を養う経験が少なかったのだと認識しましょう。

トランポリンはジャンプすることで体が揺れます。**子どもたちには、この「揺れる」「バランスをとる」経験が必要です。**

たとえばお父さんやお母さんが「高い、高い」をしたり、お父さんが肩車をしたり、抱っこしてくるくる回したり。もっとわかりやすい例では、ブランコなどもそうですね。ひと昔前なら当たり前だったこんな遊びやふれあいが、今減っている気がします。

なかには〝揺さぶられっ子症候群〟を心配される方もいるかもしれません。たしかに、頭蓋内の損傷を引き起こしてしまうほど、子どもを激しく揺さぶるのは大変危険ですが、適度な揺れは必要な刺激です。慣れてくれば子どもにとってこんな楽しい動きはないのです。

まだねんねの赤ちゃんなら、座布団に寝かせて、座布団ごとゆーっくり動かしたり、バスタオルの上に乗せて、お父さんとお母さんで端っこを持ち合って、ハンモックのようにして遊んだりするのもおすすめです。

家庭用のトランポリンは大人もできるので、赤ちゃんでも、抱っこをしたままゆっくり上下の動きをしてあげるといいでしょう。子どもだけでトランポリンができるようになる目安は、立っちがしっかりできる2歳くらいからでしょう。

注意点としては、必ずお父さんやお母さんがそばについていることと、激しくジャンプをしないこと。ジャンプして天井に頭をぶつけないようにしてください。ジャンプは親が目で追える程度のスピードで行いましょう。

❸うんてい

トランポリンと並んで、子どもたちに必須の遊具がうんていです。

棒をしっかり握り、ぶら下がって自分の体重を腕で支えて、前後に揺れながら腕を前に出して前進していく――。たいていの幼稚園や小学校にある遊具ですよね。

うんていはぶら下がることで背筋が伸びるのはもちろん、バランス感覚も養えるので、姿勢を正すのに適しています。

幼児教育の世界的な権威である米国のグレン・ドーマン博士も、**うんていは乳幼児のさまざまな発達を促し、脳を刺激し、知性を伸ばすのにとてもよい動きである**と言っています。

ぶら下がって背筋が伸びること以上に、うんていのポイントは「握る」ことにあります。

手で棒をしっかり握ることによって、脳に刺激を与え、脳が活性化するのです。

生まれたばかりの赤ちゃんには「把握反射」があります。把握反射とは、手のひらを刺激すると、本能的に指が閉じられてものをつかむ反射で、生後6か月ごろまで続きます。

お母さんが赤ちゃんの手のひらを指で刺激すると、子どもはお母さんの指をつかみます。そのままお母さんの指を握ったまま、ぶら下がることもできるほど、その力は強いのです。こうすることで、赤ちゃんのときから脳を活性化させることができます（赤ちゃんが突然指を離すこともあるので、試すときは、安全な場所でやりましょう）。

スクールに来ているIくんが4か月のとき、お母さんが把握反射を試してみました。

楽しく遊びながら体幹は鍛えられる！

「姿勢をよくしなさい」と言う前に、
体幹を鍛える遊びをいっぱいしておこう！

そうしたら2週間でお母さんの指を握れるようになりました。握ることがとても好きになったIくんは、それから指が白くなるほど自分の手や足をぎゅーっと握ったり、授乳中もお母さんの衣類をぎゅっとつかむようになったのです。そのIくんにすごい変化がありました。

それまでは、スクールで私が絵本を普通のスピードで読んでいると、集中して聞いていてくれたのですが、握ることにハマってからは、普通のスピードで読んでいても本を見てくれなくなったのです。

これは飽きっぽくなったということではありません。その証拠に、私がスピードを速めて読み始めたら、シューッと戻ってきて、ピタッと集中して本を見てくれたのです。つまり、**頭の回転が速くなった**というわけです。

このように脳の情報処理能力が上がると、どんどん吸収したい、どんどん処理したいと思うようになり、ゆっくりしたスピードでは物足りなくなってしまうのです。

ドーマン博士も、「手のひらでつかみながら進むことは、手のひらの触覚の刺激となり、より器用に手が使えるようになる」と言っています。

手指は〝第二の脳〟と言われています。手は脳と直結しているため、意識的に手指

を使うことが脳の刺激になり、脳を刺激し発達させるのです。しかも、適切な時期に獲得した能力は、一生ものなのです。

5分で「できる!」スイッチを入れるポイント

「バランスをとる」「揺れる」「握る」刺激が脳を活性化する

運動神経を伸ばす赤ちゃん期の大事なステップとは

赤ちゃんのいるお宅にうかがったとき、とてもびっくりしたことがあります。

1歳のお子さんだったのですが、リビングにベビーサークルを置いて、その小さなスペースでハイハイをしているのです。お母さんに聞くと、キッチンで調理中は目が離せないから、仕方なくサークルに入れていると言います。

たしかにお母さんの気持ちはわかりますし、赤ちゃんを見てあげられる人手が少ない現代の家庭では仕方がないことなのかもしれません。事実、お母さんが赤ちゃんの相手をしてあげられる時間以外はサークルの中、あるいはベビーベッドやベビーラックの中に閉じ込められている赤ちゃんがたくさんいることをその後、知りました。そして、それが決して特殊な環境ではないということも。「出産前に買っておきたいベビー用品」として紹介されているものの中に、「ベビーサークル」や「ベビーゲート（赤ちゃん用の柵）」があることを知り、さらに驚いてしまいました。

先に、ハイハイをする期間が短いまま、すぐに立っちしてしまう子どもが増えていると書きました。その原因のひとつが、このような室内での運動不足にあります。

ベビーサークルの中で多くの時間を過ごした赤ちゃんは、正しいハイハイができなかったり、体幹を鍛えられないまま立っちをするようになったりします。

赤ちゃんの動きを制限することで、危険から守りたいという気持ちはわかります。今のご家庭は忙しく、少しでも早く家事を済ませたい、そんな事情もわかります。

しかし、ベビーサークルを使わなくても、安全な環境はつくれます。「中に入れておけばラク」という大人の都合で子どもの成長を阻んでしまっていいのでしょうか。今このとき、このタイミングで適切な環境が与えられていれば伸びた芽を、摘んでしまっていいのでしょうか。

限られた空間で育てられたあるお子さんは、歩き始めるのもかなり遅く、2歳になっても低い台に上ることも、飛び降りることもできませんでした。

発達に沿って環境が与えられていない影響がわかるのは、しばらく経ってからです。**経験をしていないから、発達すべき部分が凝り固まったまま、神経回路につながらないまま、体だけが大きくなっていきます。**

赤ちゃんの発達に関わる大切なことなので、この時期はできるだけ広い環境で体を動かす経験をさせてあげたいと思います。ベビーベッドやラック、サークルの中で動きを制限するのではなく、座布団の上に寝かせて遊んだり、お母さんがキッチンで調理をしている横で、触ってもいいようなおもちゃや容器で遊んだり。工夫次第でできないことはないのです。

子どもはいつも、もっと伸びたい、この能力を伸ばしたいと思っています。どうかそれを阻むことなく、サポートしてあげる存在でいてください。

5分で「できる!」スイッチを入れるポイント

赤ちゃんの行動を制限して、成長・発達を妨げないようにしよう

「キャッチする遊び」が脳を活性化

運動神経を鍛えるのに、ボール遊びを思い浮かべるお母さんも多いでしょう。

ボールというと、どうしても「投げる」ほうに意識が向きがちですが、実は繰り返しやってほしいのは「キャッチ」するほう。ボールに限らず、キャッチする遊びをたくさんしましょう。今は、そういう訓練ができる遊びが少なくなっているのです。

キャッチするという動きは、先ほどの「握る」「つかむ」と同じように、手指を刺激し、脳の活性化につながります。

キャッチをするためには、まずそのものを「目」でとらえ、「手」を伸ばすよう脳に命令して、直接そのものに触れなければなりません。これを**目と手の協応**《きょうおう》と言います。

脳に命令をしてすぐに動作に移す遊びをたくさんすることになるのです。これは、意識しないとできない遊びです。

この神経回路ができると、「ほしいものに手を伸ばす」ことはもちろん、「(脳に命

ティッシュ1枚で運動能力と言葉の能力を同時に伸ばせる

「キャッチ」は脳神経を活性化、「吹く」は言葉を話すための練習

令して）おしっこを我慢する」ことにもつながります。

キャッチする遊びは、普通のボールだけではなく、紙を丸めて作ったボールや、ゴム風船や紙風船など、素材や重さを変えてみましょう。いろいろな飛び方を経験することができます。

また、スクールでやっていて赤ちゃんが大喜びするのは、ティッシュペーパーを一枚持ち、ふっと口で吹いて飛ばす遊びです。そのあと、上からふわっと落として、ヒラヒラ落ちてくるティッシュペーパーを両手で挟んでキャッチして遊びます。最後は、思い切りビリビリ破って遊びます。

ティッシュペーパー一枚で、こんなにいろいろな遊びができるのですよ。


5分で「できる!」スイッチを入れるポイント

キャッチする遊びをたくさんして、目と手の協応能力を高めておく

言葉の発達にも順番がある

前項で紹介したティッシュペーパー一枚を「吹く」口の動きは、言葉の練習になります。言葉を発するとき、私たちは口を動かしますね。口をとんがらせてフーフー吹くことが、言葉の第一歩なのです。

「言葉が出てくるのが遅い」という相談もお母さんからよくいただきますが、言葉の発達にも順番があります。

生まれたばかりの赤ちゃんは、鼻で呼吸をしています。それはおっぱいやミルクを飲みながら呼吸ができるようにするため。だから、喉の位置も上のほうにあり、上手く声を出せません。声を出す準備が整ってくるのは、生後3、4か月ごろからです。「クーイング」と言って、「うー」「あー」などという声を出し始めます。

6〜8か月ごろになると、音が複雑になり、「ババババ」「ダダダ」などと言い始めます。

まだしゃべらない、お母さんの言葉が理解できない、会話のやり取りができないからといって、何も話しかけないのは、もったいない！　赤ちゃんはちゃんとお母さんやお父さんの声を聞いています。毎日話しかけてあげましょう。

「たくさん話しかけてあげてね」と言うと、「何を話していいのかわからない」というお母さんもいます。子どもは言葉をしゃべれないからコミュニケーションができないと思っているお母さんもいます。

難しく考える必要はありません。話しかけ方のコツは３つ。

❶これから何をするのか、予定を話す

❷赤ちゃんの目線の先にあるものについて話す

❸お母さんの動作について話す（実況中継のように）

決してずっと話しかけ続ければいいというわけではないのです。

簡単に言えば、お母さんが今やっていること、これからやろうとしていること、一日の流れをそのまま言葉にしたり、目の前で起こっていることを口にすればいいのです。

具体的に説明しましょう。

「これからおむつを替えるよ」

「おっぱいを飲もうね」

「おっぱいを飲んだら、スーパーでお買い物に行くのよ」

「今日はこれからお出かけして、ばあばのお家に行くんだよ」

また、その過程で電車に乗るなら、「電車に2つ乗って行くんだよ」といった具合です。

また電車では、まだ子どもが外の景色を見ることができない月齢だったら、「赤いお屋根のお家があるよ」「夕陽がきれいだね」と実況中継をしてもいいでしょう。

実況中継でおすすめなのは、調理中です。

「今ニンジンを切っているよ。匂いを嗅いでみて」と言って嗅がせたり、「これから炒めるよ」と言ってジュージューと炒める音を聞かせたりするのもいいですね。

そのためにも、キッチンを柵で区切ったりせず、ぜひ安全なところに子どもを座らせて、お母さんが何をしているか、その姿や音や匂いから知ってほしいのです。お母さんの動作を子どもは見ていますから、それを実況中継すればいいのです。

さらに、子どもが外の景色を見られるような年齢になったら、電車や車などに乗ったときなどに、子どもの視線の先のものについて話しましょう。

子どもは見ていないものについて話しても、頭に入ってきません。見ているものについて話すのです。

なぜかというと、**子どもは〝見ているものについて考えている〟**からです。

大人のように、外の景色を見ながら「今日の夕飯何にしようかな」「明日は朝早くから仕事で嫌だな」なんて、考えられないのです。

子どもの視線の先にあるものを、お母さんが言葉にしてあげることで、子どもが見ているものと言葉が一致します。

5分で「できる!」スイッチを入れるポイント
言葉を話せるようになる下準備として、たくさん話しかけておく

お母さんの「感動の言葉」が感性を育てます

先日電車に乗っていると、ベビーカーのお子さんを連れたお母さんがいました。子どもがおとなしいからと、お母さんはスマホを見ています。でも次の瞬間、ベビーカーの中の子どもが「あ！」という顔をしたのです。きっと何かを発見して、そして何かを感じて表情が変わったのでしょう。私は心の中で、「お母さん、今よ！　ああもったいない」と思ってしまいました。

ずっと子どもの顔を見ていて、とは言いませんが、子どもが感動したときに共感できるお母さんであってほしいと願います。感動したその時でないと、遅いのです。そのことを、少し意識しておくだけでも、みすみす絶好のチャンスを逃すことが減るのではないかと思います。

子どもの視線の先にあるものを言葉にするということは、感動したことに共感していることと同じです。

「あ、鳥が飛んできたね」

「今日は空が青いね」

「雲がお魚みたいな形だね」

こんなふうに話しかけるだけでいいのです。

スクールでその話を聞き、赤ちゃんのときからお母さんがこうして話しかけてきた

Jちゃん。お母さんと出かけたとき、2歳にして「今日は雲が多いねー」などと話すそうです。

Jちゃんを初めて海に連れて行ったときの話をお母さんがしてくれたのですが、初めて海というものを見たときの表情がなんとも言えず、心から感じいっている顔だったと言います。Jちゃんの中に「感じる心」が着実に育っているからでしょう。

感動する心は、人からの働きかけによってしか生まれません。何もしなくても、勝手に生まれてくるものではないのです。

普段から**お母さんが感じたことを、そのまま言葉に出してあげてください。そこから子どもの感じる心も生まれてきます。**

そのためには、お母さん自身も空を見たり、道端に咲いている草花を見たりして感動できる心の余裕が必要なのですが……。毎日ではなくてもかまいません。普通の毎日の何気ないひと言が、子どもの感性の芽を育てていきます。

もう一人、スクールのKくんのエピソードを紹介します。

お母さんと一緒に美術館に行った2歳のKくん。帰宅してから描いた絵が、いつもと違っていたそうです。子どもでも、しっかり見て考えて感じているのですね。クラシックのコンサートに行った後は、割り箸を持って指揮棒のようにしてみたそうです。そのあと、CDを聞いていると「バイオリンの音だ」とわかったと言います。本物の絵を見たり、本物の音を聴くとわかるのです。

この時期はそういう感性を大切に育ててあげたいもの。**本物やいいものを見る目は、この乳幼児期に育ちます。**

「小さいからどうせ見てもわからない」などと思わないでください。驚くこと、美しいと思うこと、素晴らしいと感じること――本当に感動すると、そのあとに出てくる言葉も変わってきます。

5分で「できる!」スイッチを入れるポイント

毎日のお母さんの言葉かけが、子どもの感性を育てる

「語彙力」の差は、お母さんとの会話体験の差

普段から言葉かけをしていると、子どもの語彙《ごい》力や言葉の理解力がまったく違ってきます。

この差は子どもの年齢ではなく、やはり経験の多さ、回数の多さです。感性が豊かな子は語彙も豊富で、それだけ感動の経験をさせてもらっているのです。

だからと言って、お母さんがずっとしゃべり続けている必要はありません。ましてや、本物を経験させたいからと、何度も美術館に行ったり、クラシックコンサートに行ったりする必要もありません。熱心で真面目なお母さんほど、やってしまいがちなことなので、ここであえてお伝えしておきます。

ある時期が来て、子どもがしゃべれるようになっても、お母さんがずっと話しかけ続けていると、逆に子どもから言葉を引き出せなくなります。

子どものやりたいことや言いたいことを、ついお世話するつもりで先取りしてしま

うお母さんもいます。「きっとこうしたいのね」「こんなことを言いたいのね」と子どもの気持ちを察してしまうのです。

人間関係の中で相手の気持ちを察することは必要ですが、親子関係において、子どものことを察しすぎてしまうと、子どもが自分でやりたい、自分で話したいという気持ちをせっかく持っていても、その欲求を失わせてしまします。

とくに、2歳くらいのイヤイヤ期に、お母さんが言いたいことを代弁してしまうと、子どもをダメにしてしまいます。

子どもとの関わり方を切り替えないといけない時期は必ず来ます。そのときに、代弁してあげたい気持ちがあっても、「ここからは子どもの言葉を聞いて、子どもの言葉を引き出そう」と切り替えてください。

もし子どもが言葉を間違えてしまっても「違うよ」とは言わずに、ただ淡々と言い直しましょう。正しい言葉を聞かせてあげるだけでいいのです。違う、と否定してしまうと、自尊心を失わせてしまうことになります。

子どもがいろいろと話しかけてきたら、「そうだね」と答えてあげるだけでも十分です。お母さんは忙しいかもしれませんが、家事の片手間に子どもの目も見ずに聞くのではなく、せめて顔を子どもに向けて話を聞いてあげてください。それだけでも子どもの言葉は増えていきますよ。

5分で「できる！」スイッチを入れるポイント

子どもの言いたいことを代弁しないで、子どもの言葉を引き出すのをサポートする

赤ちゃんと気持ちを伝え合う「手指を使ったコミュニケーション」のすすめ

まだ言葉を話せない赤ちゃんとコミュニケーションする方法といえば、アメリカ生まれの「ベビーサイン」が有名ですが、実は日本では昔から手指を使ったコミュニケーションは当たり前のように行われていました。

たとえばほおを手で軽くたたいて「おいしい、おいしい」、両手を前に出して「ちょうだい」など。「ちょちちょちあわわ」などの手遊びもあります。お母さんから子どもへ、

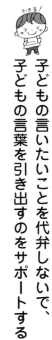

そしてそのまた子どもへと伝承されてきたのです。

手指を使ったコミュニケーションは、お母さんも子どももとても楽しいものです。先にもお話ししたように、手指を使うことで、脳も活性化します。

言葉だけではない、いろいろなコミュニケーションのとり方があることを知っておくと、子育てがラクになります。

お母さん自身のことを考えてみてください。自分の気持ちを人に伝えたいとき、いろいろな表現の仕方があるはずです。

「話す」のはもちろん、「書く」こともそうです。歌が上手い人は歌をうたうことで、絵が好きな人は絵を描くことで、ダンスが得意な人はダンスをすることで訴えることもあるかもしれません。自分の気持ちを豊かに表現する方法はいろいろあるのです。そういうツールをたくさん持っている人のほうが魅力的ですし、より人の心に訴えることができると思いませんか。そして子どもに、いろいろな方法で伝えていいんだよと、教えてあげたいですね。

小さい頃からいろいろな方法でアプローチすることによって、子どもは刺激を受け、豊富な語彙力や高い感受性が育っていきます。できるだけ豊かな実体験や心が震えるような感動をたくさん味わわせてあげましょう。

また、人は、自分の気持ちをわかってもらえると落ち着きます。**子どもがイライラするときは、そこに「なんでわかってくれないんだ」という気持ちがあります。**子どもだけじゃなくて大人もそうですよね。

子どもの頃に「わかってもらえた」経験を積んでおいてほしいですし、お母さんのほうは、子どもが言葉を持っていない時期から子どもをよく観察して、コミュニケーションをとっていく練習をする時期だと思っていてほしいのです。

5分で「できる！」スイッチを入れるポイント

言葉以外のコミュニケーションで、「わかってくれた」体験をたくさん積んでおく

第3章

習慣を変える

最初にいい習慣をつけると、子育てはあとあとずっとラク

子どもの「できない…」は親の口ぐせが原因だった

何か目の前に子どもが好きそうな遊びがあったとします。このとき、やりたいかやりたくないかという自分の欲求だけで行動できる子と、（本当はやりたいのに）やろうとしない子がいます。

やろうとしない子は、「これをやったら怒られるんじゃないか」「間違いを指摘されるんじゃないか」「自分にはできないんじゃないか」と頭の中でいろいろ考えてしまうのです。本当は求めているはずなのに、ストップがかかってしまうのです。

やりたい遊びに出会っていない子もそうです。スクールでも結局ぐずぐずして行動できず、「ママやって」と言うと、お母さんがやってあげてしまったりします。そうすると、「やっぱり僕（私）はできない子なんだ」と思い、ますますお母さんに依存するようになります。お母さんは、子どものことが心配でつい手出し口出ししすぎてしまうもの。その結果、本当は自分でできるのに、できるときに出会えていない、出会っても経験していないということです。

もうひとつ、よく怒られている子に、やろうとしない子は多いと感じます。何かをやろうとすると、お母さんに「ダメでしょ」と言われてしまう。だから「やっちゃいけないんだ」と認識します。本当はやりたいのに遮断されてしまうので、伸びていかないだけでなく、ストレスもかかります。挑戦して、「失敗すらさせてもらえない」という状況です。失敗する前に、お母さんが手を出してしまうからです。

何度も挑戦して、失敗して上手くなっていくものなのに、その経験をさせてもらえないから「できない」となるのです。できないと充実感を味わえないので、心が満たされません。チャンスを与えない限り、満たされることはありません。

自分でできれば心が満たされ、嬉しいはずなのに、お母さんに依存しなくてはならない自分が、情けなくなってくるのです。それが積み重なるとストレスになり、友達をぶったり、攻撃的になってくることもあります。

逆に、あまりに親に手出し口出しをされる子は、何もしなくなり自分を出せなくなって、挑戦もしない子になることもあります。

ここで、「ダメ」という言葉がいかに効果がなく、子どもを考えない子にさせてし

まうかがわかるワークをご紹介しましょう。

「ダメダメ・そうそうのワーク」です。

私のスクールでこのワークを行うと、お母さんたちは、「ダメという言葉が、こんなにも子どもの動きを止めてしまうことだったんだと実感できる」と言います。

子どもたちをA、Bの2つのグループに分けて、Aグループの子ども達には「ダメ！」、Bグループの子どもたちには反対に「そう、そう」という言葉をかけて「カバンを持つ」という行動に導いていきます。

Aグループの子どもたちには、少しでもカバンと違う方向に行こうとすると、「ダメ！」と言います。すると、子どもはフリーズしてしまうのです。

次にBグループの子どもたちがカバンの近くに来たときは「そう、そう」と言います。離れたら、何も言わずにおきます。

「そう、そう」と言ってもらえると、「こっちなんだな」と思って、子どもは動きます。違った動きをしても、何も言わなければ、「あ、違うんだな。本当は何だろう」と考えます。

「ダメ！」と言われるだけで、行動が止まってしまうのは、「ダメ」と遮断されることで、どんどん考えないようになっていくからです。

「ダメ」と言って行動を止め、大人がやってあげたほうが、どれだけ早くてラクでしょう。でも、自分で気づいて考えて行動をしないために、子どもはきっとまた同じ間違いをします。言われないとできない子になります。

「そう、そう」は自分で考えて答えを見つけることができるので、次からは絶対に忘れません。正解までには少し時間がかかるかもしれませんが、同じ間違いはもうしないでしょう。この結果、「いつも口うるさく言うお母さん」と、「言わなくてもいいお母さん」が出来上がるのです。

あなたは普段、どれだけ「ダメ」と言っているでしょうか。実際にわが子で試してみてください。

5分で「できる！」スイッチを入れるポイント

考えない子をつくってしまう「ダメ！」をやめる

無理なく「おむつはずれ」を成功させる習慣

「おむつはずれ」の年齢が年々遅くなっています。幼稚園に勤務している頃から、入園児におむつがはずれていない子は珍しくありませんでした。

私が驚いたエピソードがあります。未就学児のクラスにいた2歳半のお子さんのお母さんが「昨日おむつをはずしてみたのですが、一日中おしっこもウンチもしなかったんです」と言います。ところが、その日そのまま寝たら、夜中に大量のおしっことウンチをして大騒動になったそうです。そしてお母さんが私にひと言、

「おむつって自然にとれるものじゃないんですね」

正直なところ、私は目が点になってしまいました。おむつが自然にはずれるものだと思っているのだ、と。

2歳半〜3歳までおむつのままで、いきなり、はずそうとするのは大変です。まずは赤ちゃんの頃からおむつをはずして、おむつの外でおしっこやウンチをする習慣を

つけてほしいと思います。

ご自身に置き換えて考えてみてください。生まれてから2年も3年も、おむつの中でおしっこやウンチをしてきたのに、ある日を境に、急に「おむつの外でして」と言われて、すぐにできるでしょうか。怖くて止まってしまいますよね。一度学習してしまった習慣を変えるのは、赤ちゃんはもちろん、お母さんにとっても大変なことなのです。

私は「おむつなし育児」のセミナーもしています。おむつなし育児は時間と根気が必要で大変なもの、とよく誤解をされますが、おむつをずっとつけないでいるわけではありません。紙おむつや布おむつを上手に使い分けて、おむつをしないで排泄をする習慣をつけることです。おむつをはずして、トイレでする機会を多くするだけ、出そうなサインが出たときに、トイレに連れて行くだけでいいのです。

つまり、おむつの中でした「後」できれいにするより、おむつの中でする「前」にサポートするのです。

赤ちゃんだって、もし言葉が話せたら「本当はおむつの中でしたくない！」と言うでしょう。**最初からおむつの外でできる気持ちよさを知っていれば、トイレトレーニ**

ングはぐんとラクになります。

セミナーでおむつなし育児を学んだ5か月の赤ちゃんのお母さんから聞いたお話です。いつものように授乳中、ふっと赤ちゃんの動きが止まりました。「おしっこしたいのかな」と思ったお母さん、あわてて近くのゴミ箱を赤ちゃんのお尻に当てたら、案の定、シャーッとおしっこに成功。そうしたら、とても気持ちよさそうな顔をしたそうです。そこから、おむつなし育児を始める覚悟ができたということでした。

やっぱり、おむつをはずしておしっこができたら、赤ちゃんだって気持ちいいことがわかります。紙おむつが濡れて重くなっているのは、赤ちゃんにしてみればお尻に重りをつけているようなものです。

うまくいっても、一度でも紙おむつにしてしまうと元に戻ってしまうので、布おむつに慣れるまでは、紙おむつに布を差し込んでおくのもひとつの方法です。大人の布ナプキンのようなイメージですね。

もう今さらおむつなし育児はできない年齢になってしまったお子さんのトイレト

レーニングのコツは、真面目に毎日やろうとしないこと。難しそうなら1週間置いてもいいくらいです。**出たらラッキー、くらいの気持ちでいたほうがうまくいきます。**

トレーニングをする前には、トイレトレーニングの絵本などを使って、わかりやすく説明してあげましょう。

ウンチやおしっこが汚いものではなく、食べたものが体の中に入って、栄養になり、その中でいらないものをウンチやおしっことして出すという、いいイメージを持たせるように話しておきます。

子どもに一度悪いイメージを植え付けてしまうと、なかなかうまくいきません。

トイレに失敗して漏らしてしまったとき、「あ〜、やめて！」と言ってしまったお母さん。また、あるお母さんもお子さんがおしっことウンチを漏らしてしまったとき、「キャー！」と叫んでしまいました。どちらのお子さんも、それ以来、トイレに行かなくなってしまったそうです。

つい叫んでしまうお母さんの気持ち、よくわかります。でも決して動揺しないで、淡々と処理してください。もしできれば、お子さんと一緒に処理できるとベストです。

一日の中で、朝起きたとき、朝食後、寝る前など、出るタイミングがいくつかあると思います。そのタイミングをつかんで、トイレに連れて行きましょう。

そのとき、**「ここで出たら気持ちいいよね」「おむつがないほうがいっぱい走れるよ」「ママもお手伝いするから一緒に頑張ろうね」「きっとできるよ」と、子どもがいいイメージを持てるように共感します。**トイレではない普段のときから少しずつ、いいイメージを持つように刷り込んでおくのもポイントです。

5分で「できる!」スイッチを入れるポイント

準備段階として、赤ちゃんの頃から「おむつなしって気持ちいい」を刷り込む

「よく観察する」習慣で、小さな変化や成長、気持ちまでわかるようになる

おむつなし育児をしたお母さんたちに必ず言われるのが、

「子どもをよく観察するようになりました」

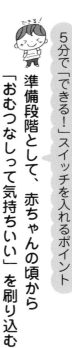

という言葉。おむつなしで、育児がラクになるだけではありません。「今、出そうかな？」とチラチラ子どもを観察するので、見逃してしまいがちな**子どもの小さな変化や成長、気持ちまでわかるようになる**のです。

モンテッソーリも子どもを観察することの重要性を語っていますが、おむつなし育児をしたお母さんたちから「今まで子どものことを見ていなかったんですね」としみじみ言われることもあります。

「今、おしっこをしたいんだな」「今、お腹がすいているんだな」など、**子どもを観察するということは、気持ちをくみ取ることにつながります**。大げさではなく、子どもを観察することで、お母さんは子どもの気持ちをくみ取る訓練をしているのです。

子どもが大きくなってからも、結局、子育ては観察だとつくづく思います。

思春期になっても、成人をしても、子どもを観察する訓練ができていれば、「なんとなく元気がないな」「様子がおかしいな」とわかります。

私も３人の子育ての中で、何度も経験しました。そういうときは、あえて子どもに「どうしたの？」と聞いたりしません。おいしいお菓子を出して「一緒に食べようか」と言いながら、ゆっくりお茶を飲んだりして、わざと隙をつくります。そうすると、子どものほうからポツポツと話し始めることがよくありました。
きょうだいがいても、問題がありそうな子と、必ず一対一になる時間をつくるようにします。一緒に買い物に行く、夜ほかの子を寝かしつけて一緒にケーキを食べる、でもいいでしょう。

そして何よりも早めに対処することが大切。これが、問題が大きくなる前の予防につながります。子どもが困っていたら、すぐに駆けつけるくらいの気持ちでいるのです。そのための「観察」の訓練を、今のうちからしていると思ってください。

早目に対処せずに、忙しさを理由に流してしまったために、思春期に不登校や引きこもりになってしまったケースも少なくないのです。

5分で「できる！」スイッチを入れるポイント

子どもを「観察する」習慣が、心のサインに気づき早めの対処につながる

トイレットペーパーの長さの適量、どこまで切るか

さて、自分でトイレでおしっこができるようになってから、ぜひ試していただきたいのが、トイレットペーパーの適量を教えることです。

意外や意外、子どもにトイレットペーパーの適量を教えているお母さんの少ないこと！

トイレが一人でできるようになると、そこはもう誰も見ていない世界です。このタイミングで教えてあげなければ、トイレの中のことは、一生誰にも教えてもらえません。

やり方は簡単です。

トイレットペーパーを引き出してほしい長さの位置の壁に、テープ（マスキングテープなどだと壁に跡がつかず、剥がれやすい）を貼っておきます。

子どもには、「このテープのところまで引き出し

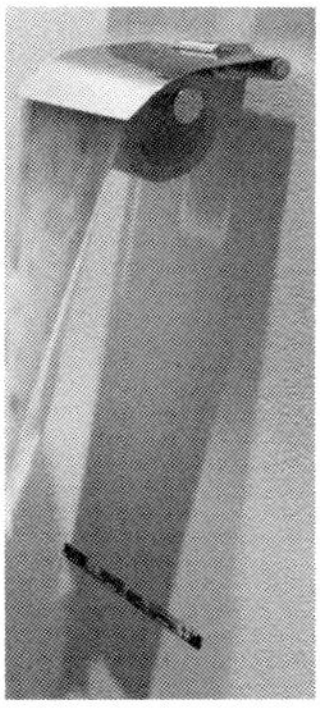

てね」と話します。

次にトイレットペーパーの切り方です。大人でも、きれいに切る人と、ジグザグに切る人がいますよね。ペーパーホルダーの部分を片方の手で押さえて切ると、きれいに切れることを教えてあげましょう。

試してみたお母さんからは、

「シールのところまで引っ張るのが楽しいようです」

「いつも必要以上に長く引っ張っていたので、適切な量が引き出せるようになりました」

といった声をいただいています。

5分で「できる!」スイッチを入れるポイント

トイレットペーパーの適量も、言葉で説明するより、長さを視覚化して習慣づける

かみつきをやめさせようと叱るのは逆効果

保育園や幼稚園などで、子どもがお友達にかみつくことは珍しいことではありません。でも、わが子がもし、お友達にかみついているとしたら、親としては頭を抱えてしまいますよね。

そんなとき、「かみついたらダメでしょ！」などと叱っても何の意味もありません。ダメという言葉が無意味なことは、すでにお話しした通り。それに、ダメなことは、子ども自身もわかっているからです。それでもやめられず、瞬間的にかみついてしまうのです。

そもそも子どもがかみついてしまうのは、言葉で伝えることができないから。伝える言葉を持っていないために、かむことで表現するしかないからです。お友達のおもちゃがほしいときに、うまく伝えられなくて、かみついてしまうのです。

本人もやりたくなくてもやってしまう習慣になっているので、大人が変えてあげなくてはいけません。子どもにとって、**かみつく動きが記憶として刷り込まれてしまい、無意識に動いてしまうものなので、大人がその記憶を書き換える**作業が必要になります。

私が実践して効果のあった具体的な方法は実に単純なものです。とにかく、かみつく子に一日中張り付くこと。そして、お友達にかみつきそうになった瞬間に、体を二人の間に入れて、全身で阻止します。

このとき、**決して子どもの体に触れて引き離すようなことをしてはいけません。**体に触れて物理的な衝撃を与えると、子どもの意識はそっちに行ってしまうからです。ただ、大人の体を割り込ませて、かみつこうとした相手を視界から消します。幼稚園にいたころは、覚悟を決めてとにかく3日間、その子に張り付いていました。

習慣化されたものを変えるのには3日かかると言われています。

どんなことも3日だけ頑張ってみましょう。

この間に一度でも阻止に失敗してかみついてしまうと、また記憶が蘇ってかみついてしまいます。たしかに大変ですが、「かみつきそうになったら未然に防ぐ」を3日間続ければ、ほとんどの習慣は変わり、嘘のように穏やかになります。

阻止した後で、おもちゃがほしかったのなら、「このおもちゃがほしかったのね」「これが取れなくて嫌だったのね」と共感の言葉をかけてあげましょう。もちろん、「ダメ！」という言葉はいりません。

5分で「できる！」スイッチを入れるポイント

刷り込まれた「かみつく習慣」を阻止して、「かみつかない習慣」に書き換える

「やってほしくないこと」を叱りゼロでやめさせる方法

「ダメ！」と言うと考えない子になるとお話ししました。でも頭ではわかっていても、子どもがやってほしくないことをしたとき、つい「ダメ！」と叱ったり、叩いたりしてしまいたくなるものです。

もし、ダメと言いそうになったら、これからお伝えすることを思い出してください。

まず、「ダメ」と言われた子どもの気持ちになってみましょう。

子どもに限らず、**人間は不快な思いをすると、それを排除するほうにエネルギーを使ってしまいます。**してほしくないことをやめさせたいときは、その「やめさせたいこと」に子どもの意識を集中させなければなりません。

もし、「ダメ！」と叱ったり、叩いたり、怖い顔をしたりしたら、そちらに意識が行ってしまいます。そのときの子どもの心の声を代弁すれば、「ママの顔、怖い！」「急に大きな声で怒るから、びっくりした」といったところでしょうか。

そしてその「不快な」情報を排除するほうにエネルギーを使ってしまうため、「やってほしくないことをやめさせたい」という本来の目的は、いつまでたっても達成できないのです。それどころか、**お母さんが怒れば怒るほど刺激になって、その行為が促進され、習慣を強化するだけなのです。**

かみつく子には体で阻止する、とお話ししましたが、他の習慣も基本的な対応は同じです。

「指をしゃぶる子には手をつなぐ」

「お母さんの体に乗っかろうとする子にはサッと身をひるがえす」

「叩く・ひっかく子には、反応しないでサッといなくなる」など。

指しゃぶりも習慣なので、しゃぶろうとしたら叱らずにその手を優しく取り、手を握り、本を読んであげるなどして気をそらします。

そのとき「もうお兄さんお姉さんになったんだから、指はしゃぶらなくて大丈夫だよ」「指しゃぶりをやめると、歯並びがきれいになるんだって」など、**こんなによくなるよ、という未来のいいイメージの言葉かけをしましょう。**

叩いたりひっかく子、体に乗っかってくる子は、**お母さんが「痛い！」「やめて！」などと反応することで、それが刺激になってやめられなくなります。**ですから、反応をしないこと。叩かれそうになったら身をひるがえすことです。

普段から、「かみつかれると痛いから、かみつきそうになったらお母さんはあっちに行くからね」と言っておきます。子ども自身に、「ああ、本当にママは行っちゃった」「なぜ、ママは行っちゃったんだろう」と考えてほしいからです。こうして子どもに葛藤の時間をもたせます。子どもから寄ってくるまで、絶対にお母さんは声をかけたり、迎えに行ったりしないで、家事などをして待ちます。

もし子どもが近づいてきたら、**「わかってくれたのね。ありがとう」**と伝えましょう。

最後のこの言葉かけが大切です。このシメのひと言で、**子どもは「認めてもらえた！」と満足し、良い行動が習慣化していきます。**

幼稚園に勤務していた頃の話です。

年長クラスにＬくんという男の子がいました。よく言えば元気のいい男の子なのですが、すぐみんなに命令をして叩くクセがあり、ほかの先生たちからはいわゆる問題児として認識されていました。でも、とても頭のいい子だということはわかっていました。

私のアドバイスを聞き入れてくれた担任の先生は、Ｌくんの行動について、一切何も言いませんでした。ほかの子どもたちには、「Ｌくんはもうちょっとしたらよくなるから、少しの間、我慢して待っててね」と話していました。

それでも問題行動をやめないＬくん。やがて友達からは、無視され始めるようになりました。普通の大人ならここまできたら、問題を解決したくなるものです。悪いことをするたびに、「ごめんなさいでしょ」と言って謝らせるものでしょう。

でも、もしここで無理やり「ごめんなさい」と言わせても、Ｌくんは「ひどいことをして悪かった」とは思いませんよね。

つまり、**子どもに謝らせて、すぐに問題を解決しようとすることで、「悪かった」と思うチャンスを子どもから奪ってしまうことになります。**

Lくんが何かをしても、とがめず怒らず、先生はすっと向こうへ行ってしまいます。ただし、Lくんに必ず何かお手伝いをしてもらえるように仕向けることだけを続けました。「Lくんが手伝ってくれないと、できないの」と言って、何か用事を頼むのです。自分の行動をとがめられず、ただみんなの役に立つお手伝いを続けたLくんが、どうなったと思いますか？　とても心穏やかなクラスのリーダーになったのです。

子どもはまず、自分の気持ちを受け止めてもらって初めて、良い行動がとれるようになります。

モンテッソーリ教育では、子どもどうしのもめ事に大人が介入しないのが基本です。たとえばひどく言い合いのケンカをしている2人がいたら、ほかの子どもに「ちょっとケンカしているみたいだから、仲直りさせてきて」と頼んだりします。なぜなら、大人の見方と子どもの見方が違うからです。住んでいる世界が違うのです。

大人がそこに出て行って、解決する必要はありません。もちろん、子どもだけで解決しないこともありますが、子どもは大人のように尾を引くことはありません。子どもはさっきまで大ゲンカしていたのに、もう仲良く遊んでいたりしますよね。大人よりも子どものほうがずっと、人を許すことが上手です。大人が介入することで、かえってこじらせてしまうことになるのです。

状況が許せば、子どものケンカは無理に解決しなくても大丈夫。**「今、人間関係を学んでいるのね」くらいの気持ちで見守ることができたら最高です。**

日々のケンカで、小さなつらさや悲しみ、苦しみを少しずつ経験している子のほうが人に優しくなれます。経験をしていなければ、人の痛みがわからなくなってしまいます。

「あのとき（自分が経験して）嫌だったから、もう友達にはやらないようにしよう」と思えるのです。

5分で「できる！」スイッチを入れるポイント

やめてほしい習慣は叱るほど強化。良い行動を習慣化する働きかけを

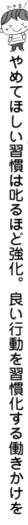

「買って買って」とギャン泣きする習慣を変える方法

スーパーで「買って、買って！」と子どもが泣きわめく。あるいは、買い物に行くたびに、「何か買って」とおねだりされる……。

お母さんから相談される定番といってもいい悩みです。こんなときはどうしたらいいのでしょうか。

お母さんの中には、何を言われても絶対に買わないと決めている人や、結局、根負けして（あるいはこれ以上泣かれるのが面倒で）買い与えてしまう人もいるでしょう。子どもに買い与えをしてはいけない、なんでも買い与えてしまうと教育上よくないと言われることもあるようです。

でも、私の考えは少し違います。

「絶対に買っちゃいけない」と頑張る必要はありません。大切なのは、**教育にいいか悪いかではなく、そうすることでお母さんが困るか、困らないかです。**つまり、**お母**

さんが自分で決めていいのです。

このような相談を受けると、私はいつもお母さんに「あなたはどうしたいの？」と聞きます。すると、自分の考えで決めていないお母さんが多いことに気がつきます。

いつも「正しい答えは何か」と考える癖を手放しましょう。自分の気持ちはどうなのかを大切にしてください。それをせずに、「何が正しいのか」と考えると、つらくなってしまいますし、子どものことを見ていないことになります。

たとえばおもちゃ売り場を通りかかったとします。子どもは「何か買って」「あれがほしい、これもほしい」と言い出します。高額なものならともかく、「これくらいなら買ってあげてもいいか」と思ったら買ってあげればいいのです。それでお母さん自身が困らないのであれば。

困る、とはどういうことかというと、買ってあげることで「ああ、また買っちゃった」と嫌な気持ちになったり、「お金ないのに使っちゃった」と思ったり、「買い与えると子どもに悪いって言われているけど、いいのかな……」と迷ったりすることです。

お母さんが気持ちよく買ってあげられるならそうしましょう。それで子どもが満足し、親子関係が良好であれば、迷う必要はありません。

ただ、買ってあげておいて、自分が嫌な気分になったり、子どもに文句を言うくらいなら、買わないほうがいいでしょう。

もちろん、「子どもが何を言おうと、何があろうと絶対に簡単に買い与えをしない」と決めているお母さんは買ってあげる必要はありません。買い与えをしないお母さんは、それが自分で決めたことなのですから、迷う必要はありません。

「ここまではオーケー、これ以上はダメ」と自分のルールを決めておくのもいいでしょう。

「常識」がどうかではなくて、そのときに関わっている人が決める、ということを忘れなければ、悩む必要がなくなります。

私自身は、自分が困らない範囲であれば、買ってと言われれば買ってあげていいと思っています。もちろん高額なものや、本当にほしいと思っていないものを手当たりしだいに買い与えるという意味ではありません。買い与えが悪いといわれるのは、子どもが本当は大してほしいと思っていないものでも買ってあげること、子どもが「ほしい」と思う前に親が勝手に買い与えてしまうことの弊害なのではないでしょうか。

子どもは心から満足するともう「買って、買って」とは言わなくなるものです。日頃から我慢を強いられているから「買って」とねだるのです。愛情も同じで、普段から愛情を注がれて満たされている子は、すでに持っている愛情を人に分け与えられる子になります。

もうひとつよく言われるのが「私は買い与えないようにしているのに、夫が子どもに甘いんです」というもの。

家の中で主導権を握っているのは、お父さんとお母さんです。でも、夫婦の考え方が全く同じである必要はありません。

子どもには「お母さんと一緒に買い物をしているときは買い与えない、お母さんの考えに従ってもらう」という姿勢でいます。ただし、お父さんが買ってあげたいというなら、それはそれでオーケーです。お父さんが子どもに甘いのは、お父さんと子どもの問題であって、お母さんは関係ないからです。こう説明すると、たいていのお母さんはびっくりします。「冷たい、突き放した考え方」だと思われるようです。

でも、考えてみてください。**世の中にはいろいろな役割の人がいます。それぞれの**

人との関わり、関係性の中で子どもは学んでいきます。お父さんが甘いご家庭なら、子どもは「何か買ってほしい」と思ったら、お父さんと交渉することを学ぶでしょう。

わが家の話で恐縮ですが、娘が留学したいと言ったことがありました。留学はお金がかかることなので、私は「お父さんと交渉して」と言いました。「あなたの熱意を伝えることだよ」という言葉だけ添えて。

結局、交渉は成立（！）してうまくいきましたが、家庭の問題でもなあなあにせず、夫と娘の問題として、しっかり交渉をしてもらったのです。熱意を伝えて交渉することは、きっと社会に出ても役に立つでしょう。家族とのやりとりもコミュニケーション術や交渉術を学ぶ場にできるのです。

家族であっても、誰の問題か境界線を引いて、客観的に見ることがとても大切です。部外者が首を突っ込まないということです。ただし、困って相談してきたら、しっかり話は聞いてあげてください。そこでもアドバイスはせず、「あなたはそう思うのね」と共感する姿勢を貫くことがポイントです。

アドバイスせずに聞くことに徹するのは、ときにつらく難しいことですが、こうすることで、思春期の難しい時期や成人した後も、子どもが本当に困ったときは、まず親に相談してくれるようになるのです。

少し話がそれてしまいますが、今、大切なことや悩んでいることを聞いてくれる相手を外に求めすぎているのではないでしょうか。ＳＮＳで見ず知らずの人に深刻な相談をしたり、会ったこともない人を簡単に信じてしまったり。これは子どもだけの問題ではなく、幼いときからの親の姿勢にも問題がある気がしてなりません。

何があっても最終的にあなたを守り、味方になってくれるのはお父さんとお母さんだよ、困ったときは協力するよ、という姿勢を日ごろから見せ、なんでも言い合える家庭であってほしいと強く願います。


5分で「できる!」スイッチを入れるポイント

子どもの「買ってほしい」は関係性と交渉を学ぶ機会になる

どうしてもやりたいことなら、子どもは待てます

４、５歳の幼稚園児でもゲームを持っていることが珍しくなくなりました。

どうしてもゲーム機がほしかったＭくんは、お母さんに「ぼくだけゲームを持っていない」と訴えたそうです。そんなときも、買い与えていいのかという問題は、親なら気になるところでしょう。

結論から言うと、子どもの本気度を推し量って、本気なら買ってあげてもいいと思います。もちろん、ゲームの場合は、一日１時間まで、など家庭でのルールを決めることが大切です。

子どもは本当にほしければ交渉するでしょう。なぜゲームがほしいのかを話し、交渉できるくらいであれば本当にほしいのでしょう。一度はダメだと言われても、ほしいという意欲が強ければ、ずっと言い続けるはずです。

人はどうしてもやりたいことなら待てるのです。これもモンテッソーリの考え方で

す。

やりたい遊びがあれば、順番を守ってずっと待っているのが子どもです。待てないということは、本当にやりたいものではないのです。そこを推し量って、買うかどうかの目安にしてもいいですね。「誕生日まで待っててね」と言ってみて、待てるかどうか試してみるのもいいかもしれません。

ゲームがいけない、スマホがいけない、とよく言われがちです。でも、繰り返しになりますが、本当にほしいものならよく話し合って納得すれば、買ってあげていいというのが私の考えです。

親が「こうするべき」「こうしなくちゃいけない」ということにとらわれすぎると、子どもの思いがけない反動につながることがあります。いい反動として表れれば、ハングリー精神が強くなることにつながりますが、そうでないことも多いものです。

長く子どもを見てきて、親からのしつけによって、本当にほしいものを買ってもらえなかったなど、あまりにも「もの」に関して満たされていない状態が続くと、大人になったとき、飢えた気持ちを満たそうと思わぬ行動に出ることがあります。

たとえば、信じられないくらい衝動買いをしたり、親になったときに自分の子どもに手当たり次第に買い与えたりしてしまうのは、幼い頃に「買ってもらえなかった」反動が大きいのではないでしょうか。

納得は、子ども自身が時間をかけてするものです。与えるのか、あきらめさせるのか、どちらにしても親と子が時間をかけて納得できる答えを出すことが大切です。

5分で「できる！」スイッチを入れるポイント

本当にほしいものかどうか、子ども自身に考えさせる

「きょうだいゲンカ」は仲裁せず、お母さんの優しい目線で心のケアを

きょうだいゲンカがひどい、と悩んでいるお母さんも多いですね。

基本的にはケンカは人間関係を学べるいいチャンスだと思いますが、あまりにもうるさいとイライラしてしまいますよね。

わが家も、年の近い3人きょうだいでしたから、それはそれはよくケンカをしていました。叩き合いや泣き声が聞こえると、私もじっとしていられません。お母さんって、子どもの泣き声を聞くと、なんとかしてあげたくなってしまうのです。でも、そこは我慢。

きょうだいゲンカに親が介入すると、ろくなことがありません。

親がケンカの状況を見てもいないのに、お兄ちゃんが悪いとか、妹や弟が悪いなどと判断してしまうと、余計こじらせてしまいます。その場の状況だけできょうだいの誰かを悪者にしたり、責めたりしてはいけません。見ていない親が悪いのです。

わが家でもきょうだいゲンカをやめさせる方法をいろいろ試してみました。その中で、これがいちばん効果があった、という方法をお伝えします。

ケンカが始まると「3人で外に出てやって」と言うのです。たったこれだけです。それも怒鳴ったり強く言ったりせず、普通に淡々と言うのがコツです。

「ママが不快な気持ちになるから、うちの中ではやってほしくない。やるなら外でやって。外だったらやってもいいよ」

と、出て行ってほしい理由も淡々と伝えると効果的です。怖い顔をする必要もありません。

子どもは面白いもので、外ではケンカできなくなります。そうすると、３人集まって、「やばい、やばい。どうする？」なんてコソコソ話し合いが始まります。そしていつの間にかケンカは終わっています。そのことがきっかけで、３人は本当によく話し合うようになりました。

その効果が実感できるこんなこともありました。子どもたちを連れて車で出かけるとき、それまでは毎回、誰が助手席に座るかでケンカをしていました。ところがあるとき、すっと一人が助手席に座って、２人が後部座席に座ったので、「えっ、今日はどうしたの？」と言ったら、事前に話し合い、じゃんけんで席を決めたと言うのです。話し合う習慣がついたおかげです。

きょうだいゲンカはある意味、社会の縮図だと思います。話し合いで解決策を探るこんな経験が家庭でできるのも、きょうだいならでは。ケンカはチャンスととらえて、試してみてください。

私の教室に通っているお母さんも、さっそく試してくれました。４歳と１歳のきょうだいでしたが、ケンカが始まったので、「外に行きなさい」と伝えたところ、しばらくするとケンカは収まり、ベランダできょうだい仲良く遊び始めたそうです。

基本的にはきょうだいゲンカには親が介入せず、子どもに任せていていいのですが、例外もあります。お母さんがケンカの過程を見ていて、明らかにどちらかの子どもが悪い、意地悪をしている、という場合もありますね。たとえば上の子が下の子に意地悪をしていた場合などは、上の子に言い聞かせる必要があります。ただし、その場では絶対に言わないでください。

ケンカが収まり、しばらくたって落ち着いてから上の子と一対一になり、きちんと向き合って話し合いましょう。お風呂に二人で入ったときでもいいですし、下の子が寝た後でもいいでしょう。

「あのとき、○○していた（ケンカの内容）けど、どう思う？」

「悪かったと思う」

「悪かったと思うのね。じゃあ、どうすればよかったと思う？」

「謝る」

などと、話す機会を持つのです。もちろん、毎回でなくてもかまいません。

上の子が下の子をいじめてばかりいる、というのも、よく聞く悩みです。

お母さんからすれば、上の子が困ったことばかりすると思いがちです。でも、上の子の立場になって考えてみてください。

たとえば2歳のお姉ちゃんがいます。急に妹ができて、お母さんは妹の世話ばかりしています。お姉ちゃんからすると、今まで自分をかわいがってくれた環境が一変、お母さんは妹のそばを離れません。

毎日が「なんで？　なんで？」の驚愕《きょうがく》の連続。とてもショックなのです。急に取り残されたような気持ちになって、寂しくて、お母さんに振り向いてほしい、私を見てほしいと強く願います。でも言葉ではうまく伝えられないから、妹に意地悪をしてしまう。するとお母さんに怒られる。

どうしてお母さんは私のことばかり怒るの？　どうして妹のことばかり優しい目で見つめるの？　……お姉ちゃんの心の声を私が代弁すると、お母さんたちは上の子の気持ちになって、じわーっと涙ぐんでしまいます。

こんなとき、お世話でふれあえる下の子は、放っておいても大丈夫。私が実際にやったのは、下の子を授乳しながら上の子とかるたをすること。いろいろな種類のかるたを揃えましたよ。トランプだと一緒にやるのが大変だし、パズルは一人でやらせなくてはいけません。その点、かるたは、お母さんは読み札を読めばいいだけなので、楽しく遊べるのです。どうしても外に出て遊べない時期なので、その分、家でできる最低限の遊びをしてあげましょう。

上の子を抱っこすることができなくても、アイコンタクトだけは忘れないでください。「あなたのことをいつも見ているよ」「お姉（兄）ちゃんはえらいね、ママは知っているよ」という顔でニッコリ微笑むだけで十分です。

上の子にとっていちばんつらいのは、お母さんの目線が自分に向かなくなることなのですから。優しい目線を送ればそれだけで上の子は大満足。ニコッとしたお母さんの笑顔は百人力ですよ。

5分で「できる！」スイッチを入れるポイント

下の子のお世話をしながら、上の子とふれあう時間を持つ

子どもどうしのトラブルは成長ドラマとして見守る

おもちゃの取り合いや、順番を待てないといった子ども同士のトラブルもよくありますね。子どもよりも、お母さんどうしが気をつかってしまうことも多いようです。わけもわからずおもちゃを取ろうとした子どもに「ごめんなさいでしょ！」と謝らせてしまったり、「順番だから待ちなさい！」と子どもを叱ってみたり。

子どもにとって、お友達が遊んでいるおもちゃは楽しそうに見えるのです。子どもは不思議なもので、楽しそうだなと思うと、遊んでいる「お友達」は見えず、おもちゃという「もの」しか目に入らなくなります。おもちゃの動きとか遊び方をずっと見ていて、それが面白そうに見えてしまいます。見ていた子どもがやりたくなって、おもちゃのところにさーっと行ってしまったとしたら、それは本能だと思いませんか？ごく普通のことですし、叱ることでもありません。

ただし、**モンテッソーリ教育では今、集中して遊んでいる子どもを尊重するので、「今**

この子が遊んでいるから終わってからね」と声をかけます。それで子どもが理解するなら理想的。

私のスクールの場合、ケースによってはそのまま子どもどうしのおもちゃの取り合いを見守り、おもちゃを取った子にやらせてしまうこともあります。というのは、おもちゃを取ってしまったことが、意外と大事な経験になることがあるからです。

スクールでこんなことがありました。

2歳の男の子がラッパのおもちゃを楽しそうに吹いていました。それを見ていたNくんは、自分も吹いてみたくなったのでしょう、さーっと来てラッパを取ってしまいました。もちろん取られた子は大泣きです。そんな泣き声を聞きつつ、しばらくNくんはラッパを吹いていました。

私は「面白いから見ていて」とお母さんたちに言い、手出し口出しをせず、観察です。

そのうち、勢いよく鳴っていたNくんのラッパの音が「プププ……」と小さくなっていきました。そうです、取られたお友達があんまり泣くので、ラッパを吹いていても面白くないのです。しまいには、「……はい」と言って、お友達にラッパを返しました。

私もお母さんたちも大笑いです。

実はここで、Lくんはとても大事なことを学びました。

ほしいと思っておもちゃを取ってしまったけれど、お友達に泣かれて、バツが悪くなって、なんだか面白くなくなった、だから反省しておもちゃを返した、という経験。「人が遊んでいるものを取るのはよくないんだな」と、経験を通して実感したはずです。

もしここで大人が介入して、「ダメでしょ！」などと怒ってしまったら、Nくんは何が悪いのか学ぶことができなかったでしょう。

スクールではあちこちでこんなドラマが見られます。泣き声が聞こえたら「さて、どんなドラマが始まるかな？」とお母さんたちと固唾《かたず》を飲んで見守ります。家庭や児童館、公園などでも、「友達とケンカをしたらどうしよう」「泣いちゃったらどうしよう」ではなくて、「さて、どんなドラマが始まるか」という気持ちで見るとラクになりますよ。

そのとき一つだけ注意してほしいのは、子どもの周りで倒れたら危ないもの、ひっくり返ったときに頭を打つもの、とんがったものなどがないかどうか見ておくこと。

周りの環境を安全に整えたうえで、見守ってくださいね。それも子どもにバレないように。

小さな傷は大丈夫です。幼いときに小さい傷をたくさんつくって、痛みを知ることが大切です。幼い頃なら大したケガにはなりません。

今、お母さんに守られすぎてしまった子が増えています。このぐらい押すと倒れるんだ、このぐらいつかむと痛いし、ケガをするんだ、という経験をしていないために、痛みに実感が伴いません。手加減ができないと、大人になったときに大事件につながってしまいます。

経験は肥やしです。とったとられた、ぶったぶたれたの経験を、（親が見守る安全のもとで）たくさんさせてあげてくださいね。


5分で「できる!」スイッチを入れるポイント

子どもどうしのケンカは見守り、経験を通して学ばせる

お休み前の15分の習慣で、子どもはすやすや寝てくれる

子どもがなかなか寝てくれない、寝かしつけが難しいという相談もよく受けます。

正直なところ、特別に目新しい寝かしつけの方法を知っているわけではありません。

ただ、お母さんの心の持ちようについては、お伝えするようにしています。

私がお伝えしているのは、寝る時間を一定にすること、15分から30分くらいの間は、絵本を読んだりお話をしたりして子どもとの濃厚な時間を過ごし、時間になったら寝るものだということを教えることです。

驚いたのは、寝る時間を決めていなかったり、布団に入っても子どもに言われるままにジュースを飲んだり、トイレに行ったり、再び一緒に遊びにつきあってしまうお母さんたちが多いこと。

もし一度布団に入った子どもに何かを言われても、「相手にしないで」「つまらなくしてください」と言っています。でもこの「子どもの相手をしない」「反応しない」

ということができないお母さんが多いのです。

これができない理由は、お母さんの心の持ちよう、罪悪感にあります。

「寝る前に15分から30分くらい、子どもと濃厚な時間を過ごしてください」と、セミナーやスクールでお伝えしているのは、お母さんが後悔しないためでもあります。これだけ濃厚な時間を過ごしたんだから、もう今日は子どもの相手をしなくても大丈夫と思えるように、罪悪感を持たなくて済むように、なのです。

今のお母さんは忙しいので、ちゃんと子どもの相手をしてあげられない、一緒にいる時間が少ないから、「かわいそう」とつい思ってしまうのですね。たとえば保育園から帰ってきて一緒に遊ぶ時間もないまま、あわただしく寝かしつけてしまうと、お母さん自身も罪悪感があり、子どもも満足していないために、寝る前にダラダラと遊んでしまうことになります。

保育園や幼稚園から帰宅した後の子どもとの会話を思い出してみてください。

子どもと「会話」をしていないことが多いはずです。気づけば「手を洗って」「ちゃんとご飯食べて」「早くお布団に入ってね」といった「指示・命令」ばかりしていないでしょうか。

心が通う会話や時間を持てないまま、寝る時間になってしまうから、子どもは不満を持ちます。一方のお母さんも、相手をしてあげなくちゃ、つきあってあげなくちゃと思ってしまいます。

「ここまではオーケー」「これ以上はできない」という枠組みをお父さんやお母さんがきちんと決めて、あらかじめ伝えておけば、子どもは自ら動けるものです。

この枠組みが崩れ、知らず知らずに子どもが主導権を握ってしまっているご家庭が多いと感じています。

子どもの自立を助けるために、寝ると言ったら絶対なんだよ、ということを態度で示すことです。そのための〝濃厚な30分〟を毎晩の習慣として、親子でつくってください。

5分で「できる!」スイッチを入れるポイント

「寝る前の親子タイム」をつくると、子どもは満足して気持ちよく眠れる

終章

子どもの能力を最大限に引き出すモンテッソーリ流お母さんの心得

「3歳までの育て方」が子どもの一生の土台になる

この本の最後に、「モンテッソーリの教師の心得12か条」の中から、改めてお母さんにお伝えしたいことをいくつか選んで紹介しましょう。

その前に、なぜ私が赤ちゃんのときからの関わりが大切だと言い続けてきたか、その根拠となるお話からさせてください。

私がスクールではじめにある映像をお見せすると、みなさん驚かれます。

それは赤ちゃんの脳の中にある神経回路の映像です。

脳の神経細胞は140億もあると言われています。こんなにたくさんあるのに、すべて使われているわけではありません（もしもすべて使われたら、前代未聞の大天才ができてしまうでしょう）。放っておけば、使われないままで終わってしまいます。

では、神経細胞を無駄にしないためにはどうすればいいのでしょうか。

そのためには、神経細胞をあらゆる分野から刺激して、細胞と細胞をつなげ、より多くのネットワークをつくっていくことが必要です。

私たち人間は、神経細胞にアプローチすることで初めて、神経回路がつながっていき、その能力が獲得されていきます。脳内に神経回路の網目をたくさんつくることができれば、それだけその能力がついていくのです。

脳科学的には、3歳までに脳のネットワークがつくられると言われています。この時期を逸すると、回路はつながりにくくなります。逆に言えば、この時期にあらゆる分野の刺激を与えておくと、神経回路のネットワークがしっかりできるので、将来の能力につながる一生ものの土台ができるのです。

脳科学の分野では、ネットワークがつくられる第一次のピークが0歳から2歳、次が3歳から5歳とされています。

遅くとも小学校に入る前の6歳くらいまでにある程度の経験をしておけば、取り戻せると言われています。

私は脳科学の専門家ではありませんが、多くの子ども達と接してきた経験からも、6歳までなら十分に取り戻せると実感しています。

この時期にネットワークをつなげておかないと、その分野が苦手になります。

もちろん後からその能力を獲得できないわけではありませんが、能力を獲得するのに時間がかかるなど、とても苦労することになるかもしれません。ですから、お子さんに無駄な苦労をさせないためにも、できるだけいろいろなことを経験させてあげたほうがいいのです。

家庭でできる「感覚のワーク」

あらゆる分野から刺激すると言いましたが、具体的にどんなことをすればいいのか、スクールでやっているカリキュラムの一部をご紹介します。

それが「感覚を研ぎ澄ますワーク」です。

❶何の音？　のワーク

目隠しをして（目をつぶっているだけでもＯＫ）、ある音を聴いてもらいます。

そして、「これ、何の音だと思う？」と質問します。聴かせるのは、ペットボトルに入った水を揺らした音、チャックを開け閉めする音、水をコップからコップに移す音、セロテープを剥がす音など。子どもは耳を澄まして集中して聴くので、聴覚が研ぎ澄まされ、日常生活の中で音に敏感になります。

将来的にはリスニングの力がつくため、言語の習得や、楽器の音を聞き分けるなどの力の獲得が期待できます。

テレビ、スマホ、パソコンと、視覚重視の世の中です。このワークで聴覚にアプローチして、視覚以外の刺激を与えて、神経回路のつながりをたくさんつくっていきましょう。

❷同じ色のものを探すワーク

「これと同じ色のものを探してね」と言って、部屋の中から同じ色のものを探してもらう簡単なワークです。たとえば、赤い色だったら赤い色のものを何でもいいので探して、持ってきてもらいます。

簡単に言えば、ものを見る訓練です。「ものならいつも見ているわ」と思われるかもしれませんが、このワークで、細かいところまで、注意深くよく見るようになるのです。また、ものを一瞬にして見分ける力もつくようになります。

片づけが苦手な子、いつも「ない、ない」と探しものばかりしている子がいます。そういう子は、ものを注意深く見る練習が足りていないのです。

ただ「赤い色を探す」だけだと思われがちですが、「ものを見て赤い色だと認識する」のは、脳が命令しています。その回路がつながっていないから、いつも「ない、ない」と探しものをしているのです。これでは見ているのに見ていないのと同じことになります。

また、「赤い色」をまず頭の中で思い浮かべてから探す訓練になるので、思考の答えを探す訓練にもなります。

家庭でやるときは、親子で楽しみながらやることを忘れないでください。このワークは早期教育でも、英才教育でもありません。くれぐれもお母さんが難しい顔をして、「感覚を研ぎ澄ます訓練をしなくちゃ！」などと思わないでくださいね。

難しいことはしなくても大丈夫です。すでにお話ししたように、お母さんが話しかけてあげたり、一緒に外を歩いたり、この本で紹介したちょっとした遊びを続けるだけでも、子どもにとってはいい刺激になりますよ。

タイミングを逃さないですぐ対処すること

子どもが夢中で遊んでいるときや何かに取り組んでいるときは、子どもの集中力も全開になっています。思いきり、好きなことを気がすむまでやらせてあげましょう。そのとき、もし何かわからないことがあってお母さんを呼んだら、できるだけすぐに駆けつけてサポートしてあげてください。

子どもの対応はその場ですぐに！　が基本です。

もちろん毎回すぐに駆けつけることは無理かもしれません。たとえば家事をしているときに「ママ〜」と呼ばれて、「ちょっと待ってて」ということもあるでしょう。それでも、「なるべく」「できるだけ」すぐにサポートすることを意識しておいてください。

そうしないと、その場で対応すれば2〜3分ですむことが、そうしなかったために30分かけてもダメ、ということがあります。

子どもの対応はタイミングが命です。**子どもを待たせてタイミングを逃すと、集中**

力が切れてしまい、もうその作業をやらなくなってしまいます。伸びようとしていた芽が、そのまま止まってしまうのです。

そうならないよう、いつでもサポートできる姿勢でいてほしいのです。

もちろん、子どもに張り付いてまで困ったときのお世話をする必要はありません。サポートはあくまでもサポート。序章でもお伝えしたように、子どもがつまずいている部分だけを手助けしてあげるようにしましょう。

言葉にできない要求を聞き取ること

「ピアノ、やめる！」「幼稚園に行きたくない！」

子どもにこんなことを言われたら、どうしますか。

「行かなくちゃダメでしょ」「何をわがまま言ってるの？」

などと言ってしまいませんか。

モンテッソーリ教育では、子どもが直接、言葉で表現していない要求も含めてくみ取るように意識することが大切だとしています。

言葉に出して言っていることと思っていることは違うことが多いからです。

子どもがこのように**困ったことを言うときは、必ず「わかってほしい」「助けてほしい」という気持ちが隠されています**。ですから、その気持ちに応えてあげることが必要なのです。

「ピアノをやめる」と言っているときは、もしかしたらピアノの先生に言われた言葉が嫌で、先生に会いたくないのかもしれません。

幼稚園に行きたくないのは、その日、苦手な体操があるからかもしれません。それをうまく言葉にできないから「行かない」と言っているかもしれないのです。

ですからこういうときは、まず子どもの気持ちにたくさん共感しましょう。

「そうか、行きたくないんだね……」と共感した後は、しばらく何も言わないで少し間《ま》を取ります。行かなければならないのは本人も十分わかっていますから、お母さんは焦らないでください。今、子どもの気持ちは揺れています。子どもに、葛藤したり考えたりする時間を与えてあげるのです。

すると、**お母さんが共感してただ聞いてくれていることで信頼感が生まれ、なんで行きたくないのか、ポツリポツリと言葉が湧き出てきます**。

お母さんが「どうして行きたくないの？」「何かあったの？」などと問い詰めたり、たたみかけるようにしゃべり出したりすると、子どもは口を閉ざしてしまいます。

自分から理由を話し始めたら、「そうか、嫌だったんだね」「わかるよ」「そういうこともあるよね」とまた共感します。

このとき、慰めたりアドバイスしたりしないようにしてください。強く心配しているときほど、アドバイスをしたくなってしまうのが親というもの。でも、そこをぐっとこらえます。なぜなら、慰めやアドバイスは、親自身がラクになるためだけのものだからです。何も子どものためにはなりません。

共感をするコミュニケーションを意識するだけで、自分から考えて動く力がついてきます。

子どもの仕事を尊重すること

子どもが集中しているとき、不用意な声かけは禁物です。

子どもが一生懸命お絵描きをしているとき、私たち親はつい、良かれと思って「それ、何描いたの？」「上手だね～」などと声をかけてしまうことがあります。

でも実はこれ、子どもにとってはちょっと迷惑なのです。夢中になっているときに声をかけられても、作業を中断させられた子どもはその瞬間、イメージが湧いてこなくなってしまうのです。子どもが夢中で遊んでいるときは、「次はああして、こうして……」と、先のことまで考えながら、頭をフル回転させています。

そんなときに下手な質問やほめ言葉はいらないのです。子どもは好きなことを好きなだけやっていることで、十分満足しています。

ただし、子どもが求めてきたら応えてあげてください。たとえば、出来上がった絵を「ママ見て～」と持ってきたら、そのときは子どもに向き合い、ほめてあげましょう。好きなようにやらせて、見守る。この姿勢でいきましょう。

すべてにおいてそうですが、子どもが求めてきたら、求めてきたときに、求めてきたものだけに応えてあげることが大切です。そのときにスマホを見ながら「ああ」などと言って受け流してしまってはもったいないですよ。

最近、子どもの話を聞いていない親が多いのだそうです。子どもが話しかけているのに、子どもの顔も見ずに受け流したり、適当に答えたり。答えたとしても、スマホを見ながら生返事……。もちろん、家事に仕事に忙しいお父さんお母さんに、いつも子どもの顔を見てきちんと応えなさい、とは言いません。でも子どもが投げたボールを受け止めてあげるだけの余裕は持ってあげてほしいなと思います。

これは、小さいときからの親子の習慣なのだと思います。**乳幼児期から、子どもが求めてきたら受け止めるという関係ができていたら、思春期の難しい時期も乗り越えることができます。**この時期から、ちょっとのサインで対処し、ボヤを消しとめておけば、思春期以降、大火事のしっぺ返しを受けることにはならないのです。

大人が「間違い」を訂正しないこと

モンテッソーリ教育では、道具を使って遊ばせることをしますが、その中で子どもの間違いに気がついても、直接訂正せず、黙って見守るようにしています。

ご家庭でも同じで、子どもの間違いに気がついても「違うよ、こうだよ」などと間違いを指摘したり正したりしないようにしましょう。**子ども自身に間違いに気づかせ**

たいのです。

たとえばひらがなの練習をしているときに鏡文字になっていたら、「こう書くんだよ」などと教える必要はありません。自分で気づかせるには、工夫が必要ですが、文字の訂正なら、丸付けを自分でさせたり、ひらがなが書かれたおもちゃなどで遊んで気づかせるなど、子どもが傷つかない方法をとるといいでしょう。

なぜ間違いを指摘しないようにするのかというと、子どもは、大人が思っている以上にプライドが高いからです。

もしも間違いに気づかせる工夫をしても気づかない場合は、そのままにしておきます。それは**まだその子自身が気づく段階にまで達していないということなので、その時期が来るまで待てばいいのです。**

お箸が上手に持てず、グーの形で持ってしまうOちゃん。「違う、違う、こうやって持つんだよ」と教えても、なかなかうまくいきません。そこでお母さんに、新しい箸を用意してもらいました。先にもお話ししましたが、**道具を新しく変えることで、子どもの認識を変えるのです。**

道具を新しくして、「この新しいお箸だと、ご飯が上手に持てるようになるよ」などと言いながら持たせると、上手に持てるようになりました。

道具を変えないまま、間違いを指摘しながら持ち方を教えようとすると、Oちゃんのプライドは傷つき、お箸への苦手意識だけが植えつけられるだけだったでしょう。

プライドが傷つくと、挑戦をしなくなってしまいます。本当はやればできるのに、自信を失うことでできなくなってしまうのです。

子どもはプライドが高いだけでなく、プライドが傷つくことを大人以上に恐れます。プライドが傷つくと行動が止まります。それくらいナイーブなのです。

やらない子には、その子ができそうなものを見つけること

子どもに何かやらせようとしても、「やらない」と拒否する子もいます。

幼稚園のとき、パズルで遊んでいる子に対して、ちゃちを入れる男の子がいました。でもその子に「こっちのパズルやってみる?」と誘ってみても、「やらない」と言います。

どういうことかと言うと、その子はパズルをやる自信がないのです。だから、お友

達がやっているのを邪魔したりするのです。そういう子には、積極的に声をかけて誘います。

プライドが高い子は、できないことを恐れます。やってもできるかどうかわからないもの、新しいものになると、失敗するのが怖いのですね。

失敗してもいいんだよ、失敗もＯＫだよ、という経験をさせてあげたいので、何度か誘いますが、どうしてもやらないという場合は、その子にもできそうな別の遊びに誘います。「これかな、これかな」というように、その子が今やりたいものを探して見つけるのです。

やらないからとそのまま放っておくと、やらないまま大きくなってしまいます。伸びる芽も伸びないままになってしまうのです。

家庭では、スクールや幼稚園のようにいろいろなおもちゃがあるわけではありませんが、積極的にやりたがらない場合は、試行錯誤して「これならやるかな」というものを探してあげましょう。

大げさにほめないこと

先ほど子どもが集中しているときに、親が声かけをして邪魔をしないで、とお伝えしました。子どもが何かに没頭していると、親はつい大げさに「すごいね!」「上手だね～」などとほめてしまいたくなります。

でも、没頭して遊んで満足している子どもに対して、大げさにほめる必要はありません。**ほめるときは「できたね」など、静かに短い言葉で、子どもに安らぎを与えるように語りかけるのがポイントです。**親は、感情の表現をできるだけ小さくする必要があるのです。

大げさにほめないで、などというと意外に思われるかもしれませんね。

お父さんやお母さんに認められることは、子どもにとっては最高に嬉しいことです。ですから、ほめられることはもちろん嬉しいのです。

でも、大げさにほめられることで、せっかく夢中でやっていたことに集中することができず、親の評価を求めてやるようになってしまいがちです。**いい結果になるよう**

に、親にほめてもらえるように意識が向いてしまうため、没頭したいことに没頭できなくなる、と言い換えればいいでしょうか。

子どもには、「やりたいからやる」「欲するままにやりたいことをやる」経験がとても大事です。そのためには、親が評価する姿勢が邪魔になることがあるのです。

子ども自身が「達成できたこと」にそのまま喜びを感じられるよう、静かに「できたね」と認めるだけで十分なのです。

人に頼れるのも自立

子どもがつまずいたところだけサポートしてほしいと何度もお話ししてきました。それは、お母さんやお父さんが何でもやってしまうと、依存が強くなり、何もできない子どもになってしまうからです。

その一方で、できないことがあれば、子ども自身が「できないから手伝って」と言えるようになってほしいと思っています。

子育ての最終目標は、子どもが自立することだと書きました。**私は、できないこと**

をできないと言えること、人に頼ることも自立だと思います。

ここは自分にはできないと自覚できること、「ここは助けてよ」と人に依頼できること。これは、大人にも必要なスキルです。

私自身も、長い間子どもに関わる仕事をしてきましたが、できることは少ししかありません。よく周囲のスタッフや仲間に、人に頼るのが上手だと言われます。これはほめ言葉だと思っています。

これから、ますます上手に人に頼っていく力が必要になっていきます。企業も社長だけが頑張っても潰れてしまいます。社員それぞれが自分の得意な力を出しきって、組織は成り立っています。それぞれが得意な分野で輝いて、みんなが助け合える。それが本当の人と人とがつながる社会ではないでしょうか。

「自分はこれが得意だ。でもこれは苦手だからお願いします」と言える力。お願いされたほうも、自分の才能を認められて頼まれれば嬉しいでしょう。

「私はこれができます」「僕はこれが得意です」という人が集まって、力を合わせ、お互いに助け合ってやっていく。これはＡＩではできないことですよね。

頼むのは悪いからと遠慮したり、あるいは自分のほうができる、というおごりがあったりすると、小さなことしかできなくなります。人間関係も狭い範囲で収まってしまいます。

もちろん、人にものを頼めるのは、自分ができることを精いっぱいやっているからです。自分は何もせず頼るだけでは、ただの依存です。

子どもはもちろん大人だって、いつも成長したい、向上心を持って生きていきたいと思っているはずです。それが幸せにつながっていると思います。だから、子どもにも、自分の能力を最大限に生かせるようになってほしいのです。

どうか、「◯◯ちゃんはこういうことが得意なんだね」というように、子どもの持っているものを認めあえるような言葉かけをしてあげてください。

私がお母さんたちに、いつもかけてほしい言葉としてお伝えしているのが、

「何かお母さんに手伝えることある？」

という言葉です。そうすると、「ここを手伝ってほしい」と、ちゃんと手伝ってほしいことを言える子になります。言葉をしゃべれない赤ちゃんでさえ、「これかな？これかな？」といくつか選択肢を見せれば、自分で選べるのです。

子どもが泣いていて、何を手伝ってほしいのかわからないとき、「何で泣いている

の？　言いたいことがあるなら言いなさい！」「何をしてほしいの？」などと怖い顔をして責めたりしてますます泣かせていませんか？

そんなとき、子どもは怖い顔のお母さんの印象しか残りません。ああ、今怖い顔してる、という自覚があったら、無理をしてでも口角を上げましょう。常に穏やかにいられたらベストですが、イラッときたら、意識して口角を上げ、上機嫌でいられるように自分で訓練していくことも大切ですよ。

「待つことができる大人」に育てましょう

子どものしたくが遅い、なかなか自分でやろうとしない、遊んだらなかなか終わらない——子育ては、「待つこと」がなんて多いのだろうと思います。

そして忙しい現代人は、待つことが苦手です。急いで、急いで、早く、早く、が口ぐせになっているお母さんも多いのではないでしょうか。

私が待つことの大切さを知ったエピソードをお伝えしましょう。

まだ私がモンテッソーリの幼稚園で研修をしていた頃の話です。

その日は遠足でした。みんなでお弁当を食べて、あとはバスに乗って帰るだけというとき。なかなかお弁当を食べ終わらない年少の男の子が一人いました。

ほかの子どもたちはみんな、もうバスに乗っています。でもその男の子は、急ごうともせず、ゆっくりお弁当を食べています。

バスに乗っている子どもたちは、先生と歌をうたいながら待っています。先生はその子をせかすこともしません。

20分くらいそうして待っていたでしょうか。ようやく男の子がバスに乗ってきました。先生は叱ることもなく、ごめんなさいも言わせず、出発となりました。

「どうして？　普通は謝らせるでしょう」と心の中で悶々としていた私は、園に帰った後、思いきって先生に聞いてみました。「みんなをあれだけ待たせたら、普通は謝らせるものではないのですか？」と。それに答えた先生の言葉が、今でも忘れられません。

「待つことを教えるほうが大事です」

そう先生はおっしゃいました。

え〜!!　若かった私は、びっくりマークがいくつもつくほど驚きました。そしてそのときは、その言葉の本当の意味はわからなかったのです。

でも、今ならわかります。

待つことができる人とは、寛大な人、心が広い人、人を許せる人です。誰かが遅れてきて、待たされても「別にいいよ、ほかのことをやっていたから」とさらっと言える人、素敵ですよね。

その逆に、イライラして、遅れてきた人のことばかり考えて、その人が来たら、「何をやっていたんだ!」と怒る人よりもずっといいでしょう。

遅れてくるなら、その時間、本でも読んで待っていようと思えるような寛大な人は、いつも穏やかでいられる人です。

仕事柄、多くの魅力的な起業家さんにお会いします。成功もして、人望も厚い人たちばかりですが、皆さんに共通しているのは、穏やかで、人を許せる範囲が半端じゃないこと。嫌なことがあっても、切り替えが早いのも共通点です。

今になって、遠足での出来事を思い出すと、「待てる人に育てる」ってすごい、と思います。どうせ待つなら、歌でもうたって楽しく待ちましょうという教育。

多くの人は、人を待たせたら迷惑をかけてごめんなさい、と謝る教育しか受けてきていないと思います。でも、考えてみたら、私たちは人に迷惑をかけずに生きることなどできません。そうであれば、迷惑をかけられる側が成長したほうが心も穏やかでいられますし、「その人も事情があったんだろうな」と思えば、どうということもありません。

誰でもその人なりに、自分の知識や理解や自覚を持ってベストを尽くしています。だから人を責めないことです。

大人になっても「あの人、許せない」と言っている人は多いですよね。でもそれに囚《とら》われてしまうと、少しも前に進めません。人を変えることができないのなら、自分が変わってしまったほうが早いです。許せない、許せないと言って、人と縁を切ったり、避けたり、人脈をなくすのはもったいないことだと思います。

「待つ」ということは、「我慢すること」「忍耐がいること」だと考えがちですが、「許すこと」だったのです。

そんなふうに考えて子育てできたら、素敵な子どもに育つと思いませんか。

お母さんが輝けば、子どもも輝く

この本を手に取ってくださるお母さんたちは、きっと真面目に子育てをしている方が多いのだと思います。この本は、子どもが一人で考えてできるようになる、子どものための本ですが、実は私がいちばん伝えたかったのは、お母さん自身が輝くことです。

日頃、お母さんたちと話していて感じるのは、「子育ての時期は、自分のことは考えてはいけない」とさえ思っているお母さんが多いこと。

繰り返しになりますが、大切なのは、子どももお母さんも、輝くこと！

お母さんが輝いていれば、子どもも輝きはじめます。だからいつも、子どもにこう聞いてみてください。

「あなたは何をやりたいの？」「どう思っているの？」と。

子どもがどう答えても、評価はしないで、「あなたはそう思うのね」と聞いてあげてください。

もちろん、お母さん自身も「今、私は何をやりたいのかな？」と自分に問うてください。0歳代のお子さんのお母さんに、「今、何がやりたいの?」と聞くと、「えっ?……考えたことがありません」と答える人がとても多いのです。それくらい、子育てに没頭しなくてはいけない時期なのかもしれません。

でも、ほんの少しすき間時間があれば、本を読みたい、子どもを預けて買い物に行きたいという気持ちはあるはずです。それを実践するにはどうしたらいいか、堂々と考えていいし、実際にやっていいんですよ、とお伝えしています。その気持ちを押し殺して我慢するから苦しくなるし、ストレスにもなります。

そのストレスが、夫や子どもに向かってしまったら、誰も幸せになりません。

自分を解放して自分を大切にできる人は魅力的ですし、人に優しくなれますし、子どもにも寛容になれるのです。

本当はもっと、あなた自身が好きなことをやっていいのです。

セミナーで私の話を聞いた後、家に帰って「夫に、『私本当はこういうことがやりたかったの!!』と思いを全部伝えられました」という声をよくいただきます。

この本に書いたことを実践して、**子どもが自分のことは自分でできるようになると、子育てがどんどんラクになります。**

まず、子どもにうるさく指示する必要がなくなります。時間の余裕ができるから、自分の時間を楽しむこともできるようになります。

子どもが自立して、あなたも好きなことができる。そんな好循環が生まれるのです。

どうか、お母さんは自分を大切にしてください。あなたが幸せで輝いていれば、子どももきっと幸せに輝くはずです。

最後になりましたが、この本を書くにあたって、たくさんの方々にご協力をいただきました。

とくに、紙面の都合上、すべては載せられなかったのですが、今回お写真やエピソードを提供してくださった輝きベビースクールや養成講座の講師・生徒の皆さまに心からお礼を申し上げます。

本当にありがとうございました。

著者紹介

伊藤美佳　（株）D・G・P 代表取締役。
0歳からの乳幼児親子教室「輝きベビースクール」や「輝きベビー保育園」を生んだ「一般社団法人　輝きベビーアカデミー」代表。
幼稚園教諭1級免許。日本モンテッソーリ協会教員免許。保育士国家資格。小学校英語教員免許。NPO法人ハートフルコミュニケーションハートフル認定コーチ。サンタフェNLP／発達心理学協会・ICNLPプラクティショナー。日本メンタルヘルス協会認定基礎心理カウンセラー。保育園・幼稚園に通算26年間勤務。乳幼児教育の専門家として多方面に活躍。著書に『引っぱりだす！こぼす！落とす！そのイタズラは子どもが伸びるサインです』（小社刊）がある。
URL：http://kagayakibaby.org/

モンテッソーリ流《りゅう》
たった5分《ふん》で「言《い》わなくてもできる子《こ》」に変《か》わる本《ほん》

2018年2月5日　第1刷
2018年5月5日　第2刷

著　者　伊《い》藤《とう》美《み》佳《か》
発行者　小澤源太郎

責任編集　株式会社 プライム涌光
電話　編集部　03(3203)2850

発行所　株式会社 青春出版社
東京都新宿区若松町12番1号 〒162-0056
振替番号　00190-7-98602
電話　営業部　03(3207)1916

印　刷　中央精版印刷　製　本　大口製本

万一、落丁、乱丁がありました節は、お取りかえします。
ISBN978-4-413-23073-5 C0037